영어학원 원장 4인의 영어 인생 랩소디

영어 없인 못 살아

영어 없인 못 살아

발행일	2024년 12월 12일

지은이	주소연, 양진아, 김지현, 김위아		
펴낸이	손형국		
펴낸곳	(주)북랩		
편집인	선일영	편집	김은수, 배진용, 김현아, 김다빈, 김부경
디자인	이현수, 김민하, 임진형, 안유경, 신혜림	제작	박기성, 구성우, 이창영, 배상진
마케팅	김회란, 박진관		
출판등록	2004. 12. 1(제2012-000051호)		
주소	서울특별시 금천구 가산디지털 1로 168, 우림라이온스밸리 B동 B111호, B113~115호		
홈페이지	www.book.co.kr		
전화번호	(02)2026-5777	팩스	(02)3159-9637

ISBN	979-11-7224-400-2 03370(종이책)	979-11-7224-401-9 05370 (전자책)

(주)북랩 성공출판의 파트너

북랩 홈페이지와 패밀리 사이트에서 다양한 출판 솔루션을 만나 보세요!

홈페이지 book.co.kr • **블로그** blog.naver.com/essaybook • **출판문의** text@book.co.kr

작가 연락처 문의 ▸ ask.book.co.kr

작가 연락처는 개인정보이므로 북랩에서 알려드릴 수 없습니다.

영어학원 원장 4인의 영어 인생 랩소디

영어 없인 못 살아

주소연, 양진아, 김지현, 김위아 지음

프롤로그

"어제 뭐 했어?"

월요일 단골 질문이었다.

"누나랑 '수구랙션' 봤어요."

파닉스를 시작한 초등 1학년 태양이가 요상한 대답을 했다.

몇 번이나 다시 물었지만, 윗니 빠진 꼬마는 '수구랙션'만 반복했다. 만화 제목인가 하고 넘어갔다. 며칠 지나 태양이 어머니와 통화하다가 외계어의 정체를 알았다. 유선 방송에 'Super Action'이라는 프로그램이 있는데, 본 방송 전에 광고를 했다. 흘러나오는 소리를 듣고 "수구랙션!" 따라 한 거였다.

"어머나~ 어머니~ 태양이 영어 천재 아니에요? 연음을 살렸어요!"

영어 까막눈인 어린 제자 덕분에 한바탕 웃고 전화를 끊었다.

영어만큼 웃음 주는 과목이 있을까? 영어가 아니었다면, 25년째 학원과 함께일까? 못 읽던 단어를 읽고, 듣지 못하던 문장을 받아쓰는 아이들을 보면, 그렇게 신기할 수가 없다. '나도 저럴 때가 있었지.' 추억에 잠긴다. 학생은, 선생님이 실수도 하지 않고 처음부터 영어를 잘한 줄 안다. 그럴 리가! 아직 아무에게도 말하지 않은 비밀 한 가지가 있다.

부모님이 외국어에 관심 많았다. 언니는 초등 1학년 때부터 영어와 중국어 공부를 시작했다. 벽 군데군데 알파벳과 음가를 적은 종이가 붙어 있었다. 둘째인 내겐 외국어 공부를 강요하진 않았다. 초등학교 4학년쯤에 부모님과 차를 타고 가다가 용달차 뒤에 붙은 'HYUNDAI' 마크를 보고, 자신 있게 '용달'로 읽었다. 서당 개 3년이면 풍월을 읊는다고, 언니와 같은 방을 썼더니 눈에 들어오는 게 있었나 보다.

알파벳을 가르쳐준 적 없는데 철자 읽어내는 둘째 딸이 기특했는지, 틀렸다는 걸 알면서도 머리를 쓰다듬으며 좋아했다. '용달'이 사실은 '현대'였다는 건 2년 뒤에 언니가 알려줘서 알았다. 중학교에 가서야 알파벳을 배우던 시절이었으니 부끄러운 실수는 아니었지만, 성인이 돼서도 'HYUNDAI'만 보면 나 혼자 피식거렸다.

이제는 혼자가 아니다. 비밀을 공유하는 사람들이 생겼다. 공부방, 교습소, 학원을 경영하는 원장 네 명이 모였다. 그들도 나처럼 몰래 간직한 실수담이 있었다. 완벽할 것만 같았던 그녀들에게서 동병상련의 영어 정(情)을 느꼈다.

'영어와 내 인생'이라는 주제를 정해두고 영어 자서전을 풀어냈다. 써낼수록 언어와 과목, 그 이상이었다.

영어는 국제 공용어입니다.
영어는 꿈을 이뤄주는 도구예요.
영어는 다양한 문화와 사람을 연결하는 다리죠.

모두 맞는 말이다. 하지만, 영어 선생이면서 원장인 우리에게 영어는 가족, 인생, 사랑과 동의어이다. 그 안에는 가족과 추억 그리고 이별, 인생의 단맛과 쓴맛까지 모든 것이 들어 있다. 여자가 엄마가 되면 자식 돌보느라 자신을 잃어버리듯, 학생 영어를 생각하느라 우리 것은 종종 잊고 산다. 한 번쯤은 시시콜콜한 우리 얘기도 실컷 해보고 싶어서 가슴 속에 아껴둔 영어 보따리 다섯 개를 풀어보았다.

영어를 처음 만난 순간과 인생에서 갖는 의미.
영어 공부 흑역사와 빛나는 노력.
영어가 맺어준 인연 ― 사람, 책, 영화.

선생님으로서 학생을 대하는 태도.

교육 사업가로 살면서 부딪히는 문제와 사명.

영어는 강세와 억양이 분명한 리듬 언어다. 발음도 나라마다 다르다. 머릿속에 저장된 영어 관련 단어는 음악 용어 '랩소디'이다. 다양한 분위기와 리듬이 혼합된 자유로운 형식의 곡으로 창작자의 개성이 잘 드러난다. 빠르게 느리게~ 높게 낮게~ 격정적으로 잔잔하게~! 랩소디와 영어처럼 우리도 '희로애락'이라는 인생 리듬을 타며 각자의 악보를 그리며 살아간다.

독자들이 영어와 함께한 추억을 떠올리며 공감과 위로를 받고, 가까이에 둔다면 이보다 좋을 순 없겠다. 영어는, 그럴 만한 가치가 있다.

영어에 울고 웃던 원장 4인방의 '영어 없인 못 살아' 랩소디를 시작한다.

2024년 12월,
25년 차 영어학원 경영인
김위아

※ 책에 나오는 이름은 모두 가명입니다.

프롤로그 · 4

1장
영어 없인 못 살아

첫사랑은 아니지만 - 주소연 · 14
돌아보니 늘 옆에 있었네 - 양진아 · 18
나의 주홍글씨, 영포자 - 김지현 · 23
지구본에 빠진 리틀 프린세스 - 김위아 · 28

34 · 비자발적 거짓말쟁이 - 주소연
39 · 나 혼자 in 뉴욕 - 양진아
44 · 내 영어, 내 곁에 - 김지현
48 · English means… 영어는 말이죠… - 김위아

2장
달콤 쌉싸름한 영어 공부의 추억

했던 거 또 할게요 - 주소연 · 54

커져라, 단어 창고 - 양진아 · 60

찾았다! 영어 비법 - 김지현 · 66

스피King 할래 1부
낸시와 조앤을 물리쳐라 - 김위아 · 70

75 · 열등감 적극 환영 - 주소연

79 · 수줍은 데뷔 - 양진아

82 · 적이 모르는 전쟁 선포! - 김지현

스피King 할래 2부
88 · 나는야, 인간 두더지 - 김위아

3장
영어가 맺어준 인연

배려 없는 배려 - 주소연 · 92
'박쥐의 딸'을 만나다 - 양진아 · 97
Anything else? - 김지현 · 100
뭐니 뭐니 해도 - 김위아 · 105

110 · 나도 모르게 복사 붙여넣기 - 주소연
114 · 마리아와 스칼렛의 메시지 - 양진아
120 · 우물 밖 개구리 - 김지현
124 · 생쥐와 인간에 대하여 - 김위아

4장
영어교육을 말하다

사리, 기꺼이 쌓아야죠 - 주소연 · 132
얘들아, 생각을 바꿔보자! - 양진아 · 137
코로나가 안겨준 1호 학생 - 김지현 · 142
멜팅팟(Melting Pot)과 샐러드볼(Salad Bowl) - 김위아 · 145

149 · 정확성도 챙길게요 - 주소연

153 · 걱정하지 마세요 - 양진아

157 · 자신감 장착 완료 - 김지현

162 · 라떼의 영어교육법 - 김위아

5장
교육 사업가로 살기

손해 봐도 솔직하게 - 주소연 · 168

엄마 아니면 원장? - 양진아 · 172

그럼에도 불구하고, 투자 - 김지현 · 176

맛집 탐방하며 사명 찾기 - 김위아 · 181

186 · 불안 속 최고의 선택 - 주소연

190 · 예비 원장님, 한번 읽어보세요! - 양진아

193 · 능력 만렙 원장 되기 - 김지현

198 · 원장을 보면, 학원이 보인다 - 김위아

에필로그 · 204

영어 없인
못 살아

첫사랑은 아니지만

주소연

인생은 계획대로 되지 않는다. 누구를 만나느냐도 중요하다. 상대가 무심코 던진 말 한마디가 방향을 바꿀 수 있다. 지금 서 있는 길도 원래 목적지는 아니었다. 그래서 방황도 했지만, '이거다!' 싶을 땐 힘껏 달렸다. 도착하고 보니 이곳 풍경도 아름답다. 노력을 동반한 경로 이탈은 좋은 결과를 가져다줬다.

중학생 때부터 교사가 꿈이었다. 학생들 앞에서 아는 걸 원 없이 전하고 싶었다. 처음부터 과목을 정하진 않았다. 가르치는 행위 자체가 좋았다. 그러다 중2 겨울에 수학으로 좁혔다. 풀이 과정을 적는 게 재밌었다. 잘한다며 칭찬을 아끼지 않던 학원 수학 선생님 영향도 컸다. 고등학교에 입학한 후에도 수학교육 전공이 목표였다. 그러다 영어로 관심을 돌린 계기가 있었다.

"답은 잘 찾는데, 수학 센스가 없네."

새 수학학원 선생님이 시험지를 보고 말했다.

고1이었다. 실력을 의심한 적 없었다. 자존심을 세워주던 과목이었다. 보통의 어른이라면 큰 타격이 없었을 것이다. 존경하던 선생님이었다. 말의 무게가 달랐다. 그의 판단이 틀릴 수 있다는 가정조차 안 했다.

'내가 센스가 없긴 한가 봐.'

문제가 안 풀릴 때마다 생각했다. 예전처럼 답을 구할 때까지 물고 늘어지지 않았다. 흥미가 떨어지니 끈기를 쥐어짜야 했다.

'수학 선생님을 해도 될까?'

의심을 반복하다 얼마 못 버티고 단념했다.

선생님은 포기할 수 없었다. 마침 점수가 잘 나오던 영어가 새로운 기회였다. 그전까지 영어를 전공하고 싶은 적은 없었다. 중1부터 고1까지 일편단심 수학이었다.

수학이 잘하고 싶은 과목이라면, 영어는 잘하는 과목이었다. 수학 공식은 기를 쓰고 외웠으면서, 영어 단어 암기는 소홀했다. 어려운 문제도 감으로 얼추 맞혔다. 노력 대비 결과가 좋았다. '나한테는 영어가 맞나 봐.'

영어교육과 졸업 후 임용고시에 뛰어들었다. 준비하던 두 번째

해, 생뚱맞게 회사에 취업하고 싶었다. 공부가 어려웠고, 현실에서 도망치고도 싶었다. 학생도 아니고 직장인도 아니었다. 어딘가 소속되어 한 사람 몫을 하고 싶었다. '학교에서 가르치는 것만 교육은 아니니까.' 서둘러 토익, 토익 스피킹, 오픽 점수를 만들었다. 자격요건을 갖추고 영어교육 회사 콘텐츠 개발팀에 들어갔다.

입사 전 상상한 모습이 있었다. 모든 업무에서 영어를 쓰고, 그로 인해 공부를 손에서 놓을 수 없는 생활 말이다. 막상 일을 시작하니, 소속 강사 강의 및 홍보 기획이 주업무였다. 상사도 '기획자' 역량을 강조했다.

담당했던 인터넷 강의 매출이 다섯 배로 뛰었다. 짜릿하기보다 속이 허했다. 교육 '지원'보다 현장에 뛰어들고 싶은 욕망을 깨달았다.

퇴사 후 영어 강사로 8년 일했다. 초등부에서 초·중등부, 초·중등부에서 중·고등부로 차근차근 올라갔다. 친구가 "요즘 뭐 하고 지내?" 물으면, "하루가 어떻게 가는지 모르겠어. 한 시간 수업하는데 세 시간은 준비해야 해"라고 답했다.

우는소리를 했지만, 속으로는 기운이 넘쳤다. 열 시간을 내리 수업해도 즐거웠다. 잘 가르치고 싶어서 새벽까지 매달려 연구했다. 몰입하는 과정에서 깨달았다. 수학에서 답을 도출하는 쾌감이 영어 문법 문제에도 있었다. 차이점이라면 영어는 수학과 달리

때로는 다양한 답을 허용했다. 특히 독해 지문은 해석의 여지가 풍부한 하나의 작품으로 다가왔다. 규칙 속 자유로움이 영어의 매력이었다. 수학에서만큼, 아니 그보다 큰 '열정'이 붙었다.

영어를 가르친 지 10년이 넘었다. 영어는 내 은인이다. 덕분에 가르치는 일을 붙잡을 수 있었다. 여기에 생계도 책임져주니 어찌 고맙지 않을까. 첫사랑은 아니지만, 끝 사랑으로 자리 잡았다.

돌아보니 늘 옆에 있었네

양진아

토요일 오전, TV에서 AFKN 미군 방송이 들려왔다. 동생이 만화를 보겠다고 틀었다. 오후부터 저녁까지는 아빠가 영어 공부를 위해 시청하셨다. 부모님은 우리가 영어로 만화 보는 것을 막지 않으셨다. 그렇게 영어 소리를 접하기 시작했다.

아빠 책상엔 늘 영어 책이 쌓여 있었다. 조선일보 외신부 기자여서 영어 기사를 손에 들고 다니셨다. 독일 연수를 다녀오신 후에는 독일 주간지 슈피겔지를 번역하셨다. 좋은 발음은 아니었지만, 아빠 나이에 외국인과 인터뷰를 할 수 있는 분이 거의 없었다. 외신부에서도 실력을 인정했다. 영어에 한계를 느낄 때, 16년 전에 돌아가신 아빠가 생각난다. '이럴 때, 아빠가 있으면 좋았을걸…'

아빠는 영어의 중요성을 강조하셨다. 초3 때 중학교 영어 교과서를 중고 서점에서 사 오셨다. 'I am a boy.'를 아빠에게 배웠다. 영어 조기 교육이 낯설던 시대에, 조기 교육을 받았다.

엄마는 영어 교사로 시작해서 영문학 박사 학위까지 받으셨다. 학교에서 받아 오신 5분 생활 영어 테이프와 비틀스의 '예스터데이'를 자주 틀어놓으셨다. 나와 동생은 엉터리 발음으로 영어를 흉내 내면서 웃었다.

"예스터데이~ 오 마 심스 소 파러웨이~ 오 아 빌리 인 예스터데이~ 써든니~ 쌈씽 롱 나우 아 롱 포 예스터데이~."

"누나, 너무 웃긴다 그지? 무슨 말이 이래?"

"그지? 예스터데이~ 오 아 빌리 빈 예스터데이~."

자연스럽게 영어 소리와 가까워졌다.

6학년 때, 엄마는 당시 돈으로 백만 원이 넘는 영어 비디오테이프를 사셨다. 시사영어사에서 만든 시리즈였는데, 이것을 사면 원어민 수업을 들을 수 있었다. 집에서 버스 두 정거장 되는 시사영어사 사무실에서 수업을 들었다. 처음엔 아무것도 못 알아들었다. 동생은 재미없어했지만, 나는 불평 없이 계속 갔다.

나중에 사무실이 멀리 이사 가서 버스로 사십 분이 걸렸다. 버스가 늦게 와서 지각해도, 하교 시간에 걸려 덩치 큰 중고등학생 오빠들 틈에 서 있어도, 차가 막혀도, 수업 가는 발걸음을 멈추지 않았다.

"왓 이즈 유어 파이널 데스티네이션?"

"댈러스."

"윈도우 오어 아이얼 시트?"

"언 아이얼 시트, 플리즈."

30년이 다 되어가는데, 비디오 속 대화 장면이 아직도 기억난다. 많이 듣고 봤기 때문이다.

원어민이 가르치는 영어가 재미있었다. 지금처럼 놀이식 수업도 아니었다. 비디오 보고 따라하고 학생들끼리 연습하는 수업이었다. 말을 배운 것이라 재미있었다. 나도 영어를 문법부터 배웠다면, 지금처럼 영어를 가까이하지 않았을 수도 있다.

그러나 학습 효과가 바로 나타난 것은 아니었다. r 발음을 제대로 하지 못했다. 내 귀에 차이점이 들리지 않아서다. 중학교 1학년 말, 시사영어사 선생님이 r 발음을 지적하면서 조음 방법을 알려주셨는데, 이때 차이점이 귀에 들렸다. 스스로 발음을 고치기 시작했다. 그동안 쌓여 있던 원어민 발음이 자양분으로 작용했다. 그해 겨울, 집에서 교과서를 소리 내어 읽고 지문 전체를 외웠다. 수업이 기다려지고, 적극적으로 참여하는 학생으로 변했다. 영어교생 선생님은 내게 꼭 영문과를 가라고 하실 정도였다.

낭독의 즐거움을 맛본 다음부터는 무조건 소리 내어 읽었다. 사전의 발음 기호를 보며 발음을 깨우쳐갔다. 그때는 파닉스가 없었고, 학교에서 매직 e 같은 용어는 사용하지도 않았다. 혀를 말아서 소리를 내는 r 발음도, th 번데기 발음도 흥미로웠다. 그래서 내가 음운론을 전공한 것 같다. 이때부터 원어민들의 발음에 더욱 귀를 기울이고 따라 했다. 듣고 따라 하는 것만이 방법이다.

학생과 학부모에게 낭독의 중요성을 강조한다. 실제로 가시적인 효과를 보고 있다. 나를 처음 만났을 때, 전혀 문장을 읽지 못했던 학생이 한 달 지나니 변화를 보였다. 학생 본인도, 학부모도 경험하고 있다. 녹음 숙제를 빼먹지 않고 열심히 하는 이유다. 학생이 자신감과 성취감을 느끼는 것이 눈에 보인다.

"어머님, 녹음 숙제 항상 챙겨주서서 감사합니다."
"원장님, 사실 이준이가 문장을 읽을 거라고 기대도 하지 않았어요. 아이 아빠도 깜짝 놀랐어요. 아이도 자신감을 얻은 것이 보여요. 잘 가르쳐주서서 감사합니다."

기쁨을 느끼는 순간이다. 영어를 처음 배울 때, 내가 영어 선생님이 될 거라고는 생각도 하지 않았다. 그런데 어느 순간, 내 인생에 가장 깊숙이 들어온 친구가 되었다.

부모님이 영어 씨앗을 뿌려주셨다면, 원어민은 씨앗에 영양분을 주었다. 이 수업 덕분에 외국인 공포증도 없었다. 오히려 외국인과 말해보고 싶다는 욕구가 커졌다. 즐거운 경험이 자신감과 성취감을 주는 통로가 되었다. 그런데, 원어민 수업만이 다가 아니었다. 토요일 오전의 미군 방송, 비틀즈 노래, 책장에 꽂혀 있던 부모님의 영어 소설책. 요즘 표현으로 하면 나는 영어 노출 환경 안에 있었다. 자연스러운 소리 노출과 즐거운 경험을 얻는다면, 좋아하게 될 가능성이 높다. 좋아하게 되면 스스로 공부하게 된다. 오랫동안 함께 걸어가야 하는 영어와 친해지는 것이 중요하다.

나의 주홍글씨, 영포자

김지현

6학년 겨울방학이었다. 티브이 채널을 돌리다 우연히 본 AFKN
에서 영어라는 것을 들었다. 중학교에 가면 그 신기한 영어를 배
운다는 기대감으로 학원에 가겠다고 졸랐다. 티브이에서 본 것처
럼 잘하고 싶었다.

"a, a, apple."

"b, b, banana."

영어의 첫인상은 아직도 또렷하다. 두어 달 하면 잘할 줄 알았
다. 하지만 기대는 금세 꺼져버렸다. 외워야 하는 단어는 많은데
도무지 기억나지 않았다. '파닉스' 개념도 없었다. 재미가 없어서
암기가 고역이었다. 자연스레 '영어 = 단어 암기 = 고역'이라는 오
해만 남겼다. 중학교에 가며, 집에서 꽤 거리가 있었던 학원은 그
만두었다.

교과서를 읽어야 했다. 발음 규칙을 몰라 하나하나 외웠다. 단어를 읽지 못하니 진도는 더뎠다. 한두 번에 외워지지 않는다는 것을 그땐 몰랐다. 용돈을 모아 교과서 테이프를 사서 들었다. 선생님께 억양이 좋다는 평가를 받았으나 새로운 단어가 나올 때마다 두려웠다. 더욱이 문법은 이해되지 않았다. 낯선 문법 용어는 영어 단어만큼이나 생소했다. 전교 1등 친구는 어떻게 공부하는지 관찰했다.

'저게 뭐지?'

가방에서 『굿모닝 팝스』를 꺼내 읽는 게 아닌가? 하굣길에 달려가 똑같은 책을 샀다. 아침마다 팝송을 들으니 제법 재미있었다. 여전히 모르는 단어는 많았다. 이른 아침에 시작하는 방송을 듣기엔 늦게 자고 늦게 일어나는 사춘기 소녀였다.

서점에서 『스누피』라는, 귀여운 그림이 그려진 만화책을 샀다. "THIS IS THE CAP OF MY SISTER." 대문자로만 된 문장 읽기가 낯설었다. 아는 단어도 눈에 들어오지 않았다.

이런 나름의 노력에도 수업 시간은 힘들기만 했다.

영어 인생의 흑역사는 고등학교 때다. 이전 실패는 전주곡에 불과했다. 열심히 준비했지만 내 번호가 불리면 얼어붙어버렸다. 영어는 공포의 과목이 되었다. 수능은 단어만 꾸역꾸역 외워 짐작으로 찍었다.

대학은 영어와 상관없을 것 같은 학과를 택했다. '수강 신청을 해볼까? 악!' 영어 회화가 필수과목이라니!

파란 눈의 교수님은 공포의 대상이었다. 내 대답을 기다리던 그 눈빛을 어찌 잊으랴. 쉬운 영어 지문은 대충 읽을 수 있었다. 하지만 말하는 건 또 다른 차원이었다. 어순과 어법을 모르니 영작이 될 리가. 다른 과목과 달리 영어 회화만 알파벳이 다른 학점을 받았다. 그럼에도 용기 내어 방학엔 교내 텝스 강의를 신청했다.

'이건 좀 다르지 않을까?' 조심스레 기대했다가 '역시 나는 안 되나 봐'로 끝났다. '영포자'라는 주홍글씨를 마음속 깊게 남기며.

외국인만 봐도 '공포의 파란 눈' 교수님과 겹쳐 보였다. '영어 인증시험' 하면 무서운 텝스로 돌아갔다. 그렇게 영어는 '마음에 상처만 남기고 떠난 그대'였다. 다행히 영어 못해도 불편함은 없었다. 엄마가 되기 전까진.

영어! 평생 볼 일 없을 줄 알았더니, 트렌드가 '엄마표 영어'란다. 교육에는 열성적인 엄마여서 남들 다 한다는 엄마표를 안 할 수는 없었다. 『노부영』, 『런투리드』, 『스콜라스틱』 등 주머니를 쪼개어 유명하다는 교재를 샀다. 당시 유행했던 '쑥쑥 닷컴'에 출석 도장을 찍어가며 열심을 내었다. 사이트에서 유료 교재 자료를 사서 열심히 만들었지만, 읽어주려니 입이 떨어지지 않았다. CD에 의지해 어물쩍 넘어갔다. 가끔 쿡쿡 쑤시는 영포자 딱지를 떼고 싶었다. 바람과 달리 방법을 몰라 헤매기만 했다.

줄줄이 태어난 네 명의 딸 덕분에 영어 공부는 잊은 지 오래였다. 엄마표라는 이름으로 흉내만 낼 뿐이다. 육아로 정신없을 때, 갑자기 남편이 미국 파견을 가게 되었다. '이거다!' 싶었다.

회사에서는 가족 주재원 계획은 없었다. '방법을 찾아보면 미국에 갈 수 있지 않을까?' 회사에 양해를 구했다.

남편 서류를 준비하며 우리 것도 끼워 넣었다. 가족이라 추가 비용은 없었다. 회사에서도 반대하지 않았다. 비자 발급료나 항공편, 체류비 지원은 없었지만 포기할 수는 없었다. 어쩌면 영어 공포증을 이겨낼 마지막 기회가 될지도 모른다는 간절함도 있었다. 아니, 미국에만 가면 영어가 저절로 될 것 같았다. 딸들에게도 분명 좋은 기회였다.

'미국에 가면 영어가 술술 나올 거야.' 행복한 상상에 젖었다. 남편과 다른 비행기에 올랐다. 남편은 회사에서 제공한 직항으로, 나는 아이를 데리고 댈러스를 거쳐 애틀랜타로 향했다.

이치구니없는 환상은 비행기 좌석에 앉기도 전에 '펑' 하고 터졌다. 승무원이 뭐라 하는지 전혀 알아듣지 못했다. 한국 승무원이 지나가기만을 기다렸다. 비행기를 잘못 갈아탈까 무섭기만 했다. 아이 넷을 데리고 국제 미아가 되면 어쩌나 걱정하느라, 긴 비행 시간 동안 한숨도 못 잤다. 오래전 말 안 통하는 유럽 국경을 넘나들며 여행한 배짱 따윈 사라진 지 오래다. 영어를 못해서 이렇게 불편할 줄이야! 제대로 공부하지 못했던 나를 한 대 때려주고 싶었다. 그렇게 30대 중반, 다시 영어 앞에 섰다.

영어 공부는 친구 사귀기 같다. 처음부터 척척 잘 맞기도 하지만, 첫인상과는 달리 알수록 괜찮은 경우도 있다. 미국 땅을 밟은 그때 첫째는 10살, 둘째는 8살, 그리고 막내 쌍둥이는 6살이었다. 늘 신경을 곤두세우고 노력해야 하는 나와 다르게, 우리 아이들은 영어와 자연스럽게 친해졌다. 때론 질투 나게 부러웠다.

중학교 때 만나 대학 때 이별한 그 영어, 어떻게 다가가고 알아가야 하는지 도무지 알 수 없었다. 영어 앞에만 서면 떨리고, 무섭고, 긴장되고, 부끄러웠다. 너무 거대해 나를 쪼그라들게 했다. 영어 잘하는 사람이 세상에서 제일 부러웠다. 지금 내 절친은 영어다. 친구가 되는 것을 넘어, 영어를 가르친다. 영포자가 영어 강사라고? 어떻게 된 일일까! 영포자의 영어 절친 만들기, 내 인생에서 누군가와 나누고픈 가장 큰 성공 스토리다.

지구본에 빠진 리틀 프린세스

김위아

Nice to meet you!

책에서 나를 만났다. 반갑게 인사했다. 친구들은 내가 『작은 아씨들』의 조, 『오만과 편견』의 엘리자베스와 싱크로율 90퍼센트라고 한다. 스물두 살에 교습소를 창업했을 때는 잃어버린 집을 되찾으려는 모습이 『토지』의 최서희와 같다고 했다. 전체 스토리가 똑같진 않아도, 성격과 경험 일부가 겹치긴 한다. 지인들은 잘 모르지만, 더 어린 시절의 나와 닮은 주인공은 『소공녀』의 세라다.

『소공녀』는 프렌시스 호지슨 비넷이 쓴 영미 소설이다. 1888년, 세인트 니콜라스 잡지에 「세라 크루, 미스 민친 여학교에서 일어난 일(Sara Crewe or What Happened at Miss Minchin's)」로 연재되었다. 그 후 1903년에 연극으로 각색하면서 『소공녀(A Little Princess)』로 제목이 바뀌고 1905년에 책으로 나왔다. 부잣집 딸 세라 크루는 열한 번째 생일에 아빠의 사망 소식을 듣는다. 학교에서 공주 대접받던 세라는 하녀가 되지만, 자아를 잃지 않고 팍팍한 현실을 견딘다. 어린이가 주인공이라 동화로 아는 사람이 있지만, 장르는 소설이다. 누구에겐 허구와 상상이지만, 누군가에겐 현실이다. 세라는, 나였다.

"엄마~ 아빠 지금 어딨어?"

지구본에 눈을 바짝 갖다 대고, 검지로 톡톡 치면서 돌렸다. 빙그르르 도는 지구본을 멈춰 아빠가 출장 간 나라를 찾았다. 엄마가 빨간색 별 모양 스티커로 표시해줬다. 틈만 나면 지구본을 쳐다봐서, 우리 가족은 나를 '지구본 소녀'라고 불렀다. 아빠는 돌아올 때마다 선물을 안겨줬다. 세라의 인형 '에밀리'를 나도 갖고 있었다. 인형보다 좋아했던 건 여러 나라의 모습이 실린 사진이었다. 지구본에서 봤던 미국, 캐나다, 중국이 내 손에 있었다.

"여기는 네덜란드야. 바람개비처럼 생긴 게 있지? 풍차라는 거야"

아빠는 사진과 엽서를 보며, 나라 이름과 특징을 이야기해줬다. 세계사와 언어를 좋아하는 건 부모님 영향이다. 아빠는 세상에 대한 호기심을 키워줬고 엄마는 다섯 살부터 열두 살까지 한자를 가르쳐줬다. 매일 한자를 낭독하고 따라 썼다. 부모님은 딸 셋을 외국어 잘하는 리틀 프린세스로 키우고 싶어 했다.

아빠 사업이 망하기 전까지, 학교에서 알아주는 잘사는 집 딸이었다. 부모님이 학교에 오면 교장 선생님도 허리 굽혀 인사했다. 열두 살 가을이었다. 집에서 쫓기듯 나와 몇 달을 여관과 친척 집을 돌며 살았다. 아는 사람 집에 있을 때는 그래도 밥을 먹었는데 여관에선 하루에 한 끼, 물에 만 밥이 다였다. '꼬르륵꼬르륵' 소리가 내 배에서 나는지, 누구 배에서 나는지 모른 채 누워 있었다. "말 시키지 마! 힘없어!" 말을 걸면 언니는 타박했다.

다섯 식구가 함께 있을 곳은 없어서 전국으로 흩어졌다. 나는 중1, 4월에 부산 친척 집으로 갔다. 전학 가고 1주일 뒤에 중간고사를 치렀다. 교과서가 달랐고 범위도 몰랐다. 암기 과목은 찍었지만, 영어와 한자는 익숙했다. 두 과목은 1~2개 틀렸던 걸로 기억한다. 중학교 입학 전까지 영어를 배우진 않았지만, 부모님이 외국어 공부하는 걸 보고 자라서 스며들었던 것 같다. 부산 생활에 적응하면서 성적은 우상향했다. 선생님들은 엄마에게 한자를 8년간 배운 게 영어에 도움 됐을 거라 말했다. 말씨가 다르다고 나를 동물원 원숭이 대하듯 했던 아이들이 공부를 가르쳐달라고 했다.

엄마 밥 먹고, 학원 다니는 친구가 부러웠다. 부러움은 성장의 동기가 되었다. 동기는 목표를 이루게 했고, 스스로 해냈다는 성취감은 자존감으로 돌아왔다. 밥을 제때 못 먹고 차비가 없어서 걸어 다녀도 기죽지 않았다. 부모님은 곁에 없었지만, 영어와 한자가 있어서 견뎠다.

영어를 내신성적, 입시, 취업에만 활용하는 건 그 가치를 10분의 1만 아는 것이다. 학생에게 영어의 쓸모를 설명할 때 칼에 비유한다. "칼은 집마다 있고 평생 쓰잖아. 없어도 밥과 반찬을 만들겠지만, 다양한 음식을 맛보긴 어려워. 영어도 똑같은 거야."

영어 없이도 살 순 있다. 하지만 여행, 유학, 정보 습득, 소통, 팝송과 원서 읽기 등 상황과 목적에 따라 자유자재로 꺼내 쓰면 세상의 재밋거리를 맛볼 기회가 늘어난다. 길다면 긴 인생, 세상을 다이내믹하게 누려보라.

"원장 선생님~ 영어를 언제부터 좋아했어요?"

6학년 지민이가 물었다.

"아마 다섯 살… 지구본 만진 순간일걸? 나라 이름이 영어로 쓰여 있었어. 그땐 외계어였지. 그래서 호기심이 생겼고 좋아하게 됐나 봐. 영어 아니었으면 선생님은 불량 청소년이 됐을 거야."

웃으며 말했지만 진심이었다. 삐뚤어져도 이상하지 않을 환경에서 중고등학교를 졸업했다.

"왜요, 왜요? 영어가 어쨌는데요?"

지민이 나이였을 때 가족과 헤어졌다는 얘기를 한 적은 없지만, 언젠가 들려주고 싶다.

'부모님 교육 덕분에 낯선 곳, 낯선 사람 틈에서 씩씩하게 지냈어. 영어가 나를 살렸어.'

소설은 때론 현실이 된다. 2023년 5월, 엄마에게서 문자가 왔다. 한 달 뒤, 33년 만에 중환자실에서 만났다. 이름표 보고 엄마라는 걸 알았다. 섬망 증세로 나를 알아보지 못했다. "엄마, 또 올게." 병실을 나서며 20분간 잡고 있던 손을 놓았다. 엄마는 남에게 말하듯 "감사합니다" 했다. 다음 날 뇌사 상태에 빠졌고 10월에 하늘로 이사했다. 네 달간 엄마랑 대화 나눈 시간은 7분이다.

잃어버린 집을 되찾고, 가족과 밥을 먹고 싶어서 스물두 살에 창업했고 적게 자고 많이 일했다. 좋은 대학을 나오고 잘살고 있어야 부모님이 미안해하지 않으리라 생각했다. '가족과 밥 먹기' 33년 소망은 사라졌다. 엄마는 다시 내 곁을 떠났지만, 언어 유산 덕분에 영어교육 전문가와 작가로 살아간다. 엄마 목소리 들은 7분. 그 기억으로 남은 반평생 의미 있게 살 이유가 생겼다. 영어는 그리움이요, 평생 간직할 유산이다.

엄마~ Nice meeting you!

비자발적 거짓말쟁이

주소연

"다음 달부터 학습지 올 거야."

초등학교 3학년 때 읍에서 시로 이사 왔다. 엄마는 옷 가게와 마트에서 일하다가 학습지 물류센터에 취직했다. 회사는 분기마다 신규 회원을 모집하게 했다. 실적을 채우지 못하면 조회 시간에 창피를 줬다. 압박에서 벗어나는 간편한 방법이 있었다. 가족 회원 등록이었다.

엄마의 첫 고객이 됐다. 과목은 영어로 신청했다. 월 2만 원대로 매달 교재와 카세트테이프를 받았다. 선생님은 일주일에 한 번 10분씩 왔다 갔다. 평소에는 자기 주도 학습이었다.

"잘 듣고 따라 하세요."

낮에는 동생하고만 있었지만, 카세트에서 시키는 대로 했다. 철이 빨리 든 편이었다. 부모님이 힘들게 번 돈을 낭비하기 싫었다. 그렇다고 비장하게만 한 건 아니었다. 당시 영어는 초등학교 정규 교과목이 아니라, 공부라기보다는 돈 드는 '취미' 같았다. 4년을 꾸준히 했고, 덕분에 중학교 영어 수업에 쉽게 적응했다.

　기숙사 고등학교로 진학했다. 주말에만 집에 다녀왔고, 부모님은 그런 딸을 애틋하게 여겼다. 성적에 대해서도 중학교 때처럼 자주 묻지 않았다. 그래도 성적표는 꼬박꼬박 가져다드렸다. 행운인지 불행인지 고1 전체에서 우리 반 평균 성적이 꼴찌였다. 전교 등수는 예전만 못해도, 반에서는 자리를 유지했다.
　고2부터 무너졌다. 모든 게 귀찮아져서 공부도 잘 안됐다. 성적은 점점 떨어지는데, 털어놓을 사람이 없었다.

　"영어 선생님이 될 줄 알았더니."
　수능 끝나고 부모님의 한숨이 끊이지 않았다. 목표한 대학 영어교육과에 지원할 수 없었다. 재수할 엄두는 나지 않았다. 무기력하던 때라, 1년을 투자한들 달라질 것 같지 않았다. 아예 다른 과를 지원할까도 생각했다. "영어 선생님이 꿈이라며." 부모님이 용납못 했다. 이것도 안 돼, 저것도 안 돼. 답이 없었다.

　"○○대학교에는 1학년 마치고 전과할 기회가 있대."
　원서 넣기 전, 엄마가 희망을 찾아냈다.
　"1학년 마치고? 어떻게?"

아빠도 한껏 기대에 찼다. 당사자만 시큰둥했다. 전과라니, 호락
호락하지 않을 게 뻔했다.

"과에서 1, 2등 안에만 들면 되더라고."

쉽진 않겠지만, 다른 뾰족한 수가 있지도 않았다. 두 분 결정을
따르기로 했다.

고3 겨울, 다가올 봄이 설레지 않았다. 하루하루 시간을 죽이던
중, 부모님이 나에 대해 거짓말을 하고 다니는 걸 알게 됐다.

"너 영어교육과라며?"

친구가 알고 있다는 듯 물었다. 엄마들끼리 같은 회사에 다녔
다. 아니라고 하면 안 될 것 같았다.

"아, 응…."

얼버무리듯 대답하고, 그날 저녁 엄마에게 자초지종을 물었다.
어쩔 수 없었다는 대답에 원망을 쏟아냈다.

"그렇게까지 화낼 일이야? 남들이 너 진짜 합격했나 알아보는 것
도 아니잖아. 1년 뒤에는 전과도 할 거고. 그럼 됐지 뭘."

엎질러진 물이었다. 내 속 편해지자고 엄마를 거짓말쟁이로 만들
순 없었다. 직접 나서서 거짓말하는 건 더 싫었다. 모든 친구와 연
락을 끊기로 마음먹었다. 1년 안에 거짓말을 진실로 바꿔야 했다.

같은 목표를 가진 동기가 많았다. 1학년, 남모르게 아등바등했

다. 중고등학교 동창 연락은 이런저런 핑계를 대며 피했다. 과 모임에는 모두 참석했다. 전과도 전과지만, 친구를 사귀는 것도 소중했다. 기숙사에서는 눈에 불을 켜고 공부했다. 전과는 나만을 위한 목표가 아니었다. 부모님의 기대를 충족시킬 수 있는 유일한 길이었다.

'나는 엄마한테 액세서리야. 자랑스러울 땐 꺼내 보이고, 마음에 안 들 땐 감추지.'

문득 씁쓸한 날도 있었다. 시험을 보면, 어떤 과목이든 답을 적는데 손이 떨렸다. 머리카락은 자꾸 빠져서 정수리 한가운데가 훤했다. 1학기와 2학기 둘 다 4.43으로 마무리했다.

전과 승인을 노려볼 만한 학점이었다. 기존 과에 정이 들었는지, 상상했던 만큼 기쁘진 않았다. 하지만 마음을 다잡아야 했다. 학교에서 영어를 가르치는 꿈을 놓을 수 없었다.

집에서 쉬던 날, 불 끄고 누워 있는데 엄마가 들어왔다. 자는 척을 하다가 머리를 쓰다듬는 손길에 눈을 떴다.

"왜?"

뭉그적대며 앉자, 엄마가 날 꼭 껴안았다.

"엄마가 우리 딸한테 미안해. 그동안 힘들었지?"

전과 못 해도 괜찮다는 말이 이어졌다. 갑자기 왜 그러냐고 물으니, 1년 내내 최선을 다하는 모습이 대견했단다. 힘들어도 내색을 안 해서 짠했고, 꼭 교사가 아니더라도 다른 길을 찾으면 된다는 생각도 들었다고 했다. 대답을 듣고 나서 감동하거나 해방감이 들진 않았다. 그저 얼떨떨했다. 여기에 안도감, 혼란, 그리고 서운함이 뒤섞였다. 하지만 그 순간 고개를 끄덕였다.

어둑한 방 안에서 우린 서로를 부둥켜안았다. 미안하다, 괜찮다, 이해해달라, 이해한다는 말이 오갔다.

2학년부터 영어교육과 생활이 시작됐다. 드디어 맞이한 해피엔딩이었다. 전공 서적 『현대영어학개론(An Introduction to Language)』을 구매했을 때의 울렁거림이 생생하다. 우여곡절 끝에 내 자리를 찾았다.

영어의 시작은 엄마였다. 엄마가 신청한 학습지 덕분에 어려서부터 영어를 만났다. 영어교육을 전공하기까지 본의 아닌 거짓말로 힘든 시간도 보냈다. 하지만 그것이 동기가 되어 목표를 이뤘다. 때로는 상처에서 가장 큰 추진력을 얻을 수 있다. 중요한 건 어려움 속에서도 그 경험을 강한 힘으로 전환하는 의지다. 결국, 아픔을 받아들이고 이를 넘어서 더 큰 성장을 끌어내는 것도 자신의 몫이다.

나 혼자 in 뉴욕

양진아

2000년 2월, 3주 동안 혼자 배낭 하나 메고 유럽을 돌아다녔다. 3주였지만, 홀로서기를 연습했다. 3년이 지나서, 정말로 혼자 살게 되었다. 2003년 12월 9일에 이민 가방에 냄비 하나, 수저 넣고 뉴욕에 도착했다. 미국으로 떠나기 전에, 한인 사이트를 보고 퀸즈 우드사이드에 방을 얻었다. 방도 직접 보지 않고, 한국 사람이 올린 글만 보고 돈을 보냈다. 사기는 당하지 않았지만, 벽의 구멍으로 외풍이 술술 들어오는 방이었다.

뉴욕 겨울은 춥다. 양털 모자, 양털 부츠를 살 수밖에 없었다. 고구마 장수 모자였지만 이것이 없었다면 귀가 얼어버렸을 것 같다. 1인용 히터를 샀다. 집안 전기가 엉망이어서 히터를 틀면 전체 전기가 꺼졌다. 미국엔 이런 집이 많다. 과일을 사러 처음 가게에 갔다. 당시엔 현금을 많이 썼는데, 도대체 동전 종류가 왜 이리 많은지 센트, 다임, 쿼터… 다행히 가게 주인이 한국인이어서 알아서 거슬러줬다. 동전에 익숙해지는 데도 시간이 걸렸다.

한번은 택배가 집으로 오지 않고 물류 센터로 가버려서 거기까지 가서 찾아왔다. 갈 때는 걸어서 갔는데, 물건 때문에 걸어서 돌아올 수 없었다. 처음 보는 미국 남자들에게 지하철역까지 데려다줄 수 있는지 물었다. 미국 온 지 한 달도 안 되었을 때다. 친절하게도 나를 태워줘서 집에 무사히 돌아왔다. 지금 생각해보면 참 무모한 부탁이었다. 미국이 위험한 곳이라는 생각은 눈곱만큼도 못 했다. 이런저런 일을 겪으면서 나는 독립체로 자라고 있었다.

처음 어학연수를 했던 곳은 뉴욕 맨해튼 34번가에 있던 조니(ZONI)라는 학원이었다. 사장이 히스패닉이어서 히스패닉 친구가 많았다. 나는 미국인 르네트가 가르치는 반에 들어갔다. 한국인 언니, 동생이 몇 명 있었다. 르네트는 나와 동갑으로, UCLA 산타바바라를 졸업한 인재였다. 발표 수업을 커리큘럼에 넣어서 영어 말하기를 연습하는 데 도움을 주었다.

아직도 기억난다. 전통 음식을 설명하라고 했다. 된장찌개를 발표하려고 된장, 고추장이 뭔지 사전을 찾아보고 자료를 만들어서 발표했다. 학원 규모는 작았지만, 담임 선생님이 열정적이고 성실하고 마음이 따뜻해서 학생들과 친하게 지냈다. 지금도 페이스북에서 안부를 전한다.

한 달 지나서 학원 스피치 대회가 열렸다. 담임 선생님이 추천했고, 내가 쓴 원고를 교정해줬다. 문장 암기는 어렵지 않았지만, 그동안 내가 잘못 발음하던 단어의 발음을 고치는 것이 쉽지 않았다. decade[데케이드] 발음을 '디케이드'라고 했고, 명사 product의 강세를 두 번째 음절에 강세를 두고 발음하고 있었다. 이것을 고치면서 발음하느라고 시간을 자꾸 초과했다. 콜롬비아에서 이민 온 남학생이 시간 초과하지 말라고 뭐라고 했다. 결국, 2등을 했다. 내 발음이 틀린 것이 없다고 생각했는데, 빨리 고치지 않았던 게으름의 결과였다.

5월에 가성비가 좋다는 헌터 칼리지(Hunter College)로 옮겼다. 헌터 칼리지는 뉴욕 시립대 CUNY 중 하나인데, 이스트 사이드에 위치했다. 이 학교에는 과목마다 선생님이 있었다. 이때 배웠던 아자르(Azar) 문법 교재를 지금도 갖고 있고, 후에 대학교에서 강의할 때도 유용하게 사용했다. 헌터 칼리지는 문법과 작문으로 유명했다. 뉴욕 주립대 얼버니로 편입할 예정이어서 작문 수업이 좋은 곳으로 옮겼다. 졸업 작문 시험에서 만점을 받았다.

맨해튼 생활에서 가장 감사한 것은 교회 친구들이다. 리디머 교회에 다녔는데, 거기에서 좋은 그룹을 만났다. 교포 2세가 대부분이었다. 얼버니로 오기 전까지 일주일에 한 번 만나서 이야기하고 기도하는 시간이 소중했다. 미국에 와서 쭉 함께 8개월을 보냈다. 영어를 그나마 오래 연습할 수 있는 시간이 이 모임이었다. 영어 말하기를 잘하고 싶다면, 커뮤니티를 만나야 한다. 사람을 만나지 않고서 말하기 실력이 늘 수 없다. 내 영어 말하기가 늘었던 것은 이 친구들과의 정기적 만남 덕분이다.

여태 살면서 그때만큼 내 시간을 가져본 적이 없다. 공부에 대한 스트레스도 없었다. 영어만 하면 되니까. 뉴욕은 처음으로 나 혼자 살았던 곳이다. 얼버니 들어가기 전까지 5개월 동안 이사를 세 번 했다. 퀸즈, 뉴저지, 다시 퀸즈. 경험이 없고 무지해서 방 구할 때 실수도 많이 했다. 방 구하기, 장 보기, 은행 가기, 우편물 부치기, 공부하기, 그리고 모르는 사람들과 같이 살기 등 처음으로 혼자 해내야 하는 시간이었다.

그럼에도 다시 돌아가고 싶을 정도로 참 좋았다. 어학연수생이어서 경제 활동을 할 수 없었다. 매월 보내주시는 용돈 안에서 아끼며 살았다. 월세를 줄이려고 발품을 팔고, 식비를 줄이려고 중국인 가게도 갔다. 영어를 배우러 갔지만, 내가 혼자 사는 방법을 배우기도 한 값진 뉴욕 생활이었다. 공부도 마찬가지이다.

일버니에서는 한국인의 도움을 바랄 수가 없었다. 학교에 교환 학생으로 온 연세대 후배들이 있었지만, 전공이 달라서 같이 만나기도 어려웠다. 오히려 미국 교회 어른들이 도와주셨다. 같은 교회에 다니는 학교 직원이 재학 중에 나의 보호자 역할을 해주셨다.

학교에서 은행 계좌를 만들라고 해서 홍콩상하이은행 HSBC에 가서 계좌를 개설했다. 맨해튼에서는 우리은행에 가서 한국말로 쉽게 만들었는데, 얼버니에 오니 무조건 영어를 써야 했다. 공항 갈 때 탈 택시를 예약하는데, 전화 예약이라 덜덜 떨렸다. 전화 받는 남자 사투리가 아직도 기억난다. 남부 사투리로 "I got you, ma'am"이라 말하는 것을 듣고 맘을 놓았다.

성장하기 위해서는 독립의 시간이 필요하다. 이런저런 상황에 부딪혀봐야 해결책에 대한 지혜가 생긴다. 영어 실력도 발전하려면 여러 가지 상황에서 영어를 사용해야 한다. 내가 입을 열어서 말을 해야 발전한다.

책만 읽어서는 내가 얼마나 말할 수 있는지 알 수 없다. 슈퍼, 은행, 우체국 등 현실 생활에서 내가 해야 하는 말을 충분히 할 수 있을 때까지는 연습해야 한다. 혼자서 실수했던 경험이 가장 중요한 자원일 것이다. 실수해도 괜찮다. 실수는 고칠 수 있고, 부족한 부분을 알려준다. 부족한 부분을 채우면 더 강해진다. 경험만큼 강력한 무기는 없다. '시작이 반이다'라는 말처럼, 처음이 어렵다. 미국인에게 말 한 번 걸기가 어렵지, 한 번 하고 나면 별거 아니다. 머뭇거림을 넘어서 소통의 재미를 알게 되면 한 번 더 용기를 낼 수 있다. 스스로 그것을 느껴갈 때 성장의 기쁨이 더 크다.

내 영어, 내 곁에

김지현

미국에 가려면 뭐라도 해야 했다.

유명 인터넷 강의를 검색했다. YBM의 박상효 선생님 강의가 내게 딱이었다. 열심히 수업을 들으며 『Grammar in Use』를 풀고 암기했다. 그러면 될 줄 알았다.

기대하며 비행기에 올랐던 그 순간, 나의 짧은 공부로는 듣지도, 말하지도 못했다. 아이 넷은 나만 보고 있었다. 엄마의 자존심이었을까? 속으론 식은땀을 흘리며 태연한 척했다.

마음엔 긴장이 가득했다. 그런데 비행기에서 내리기도 전에 누군가가 팻말을 들고 나를 기다렸다. 승무원은 자신을 따라오라며 일반 승객이 다니지 않는 통로를 안내했다. 입국 심사 줄도 서지 않고 특별 심사대로 바로 안내되었다. 짐도 이미 옮겨져 있었다. 마치 내가 특별한 사람인 것처럼 모든 것이 준비되어 있었다. 출국 직전, 항공사 직원이 아이 넷을 데리고 온 나를 보고는 도우미

서비스를 신청한 것을 목적지에 도착해서야 알았다. 미리 알았다면 식은땀을 흘리지도, 뜬눈으로 밤새우지도 않았을 텐데….

처음엔 그저 영어 울렁증을 극복하고 싶었다. 숙소에 도착한 다음 날, 시차 적응도 안 된 딸들을 학교에 보냈다. 언제 한국에 돌아갈지 모르는 상황이 나의 용기에 기름을 부었다. 입학 서류를 작성하느라 밤을 꼬박 새웠다. 애들이 학교에 가던 날, 나도 집 근처 주립대학교로 향했다. 어학 코스 상담을 받고 수업을 등록했다. 수강료는 2014년 1월 당시 한 과목에 50만 원이 넘었다. 어학원에는 대학 입학을 위한 코스와 일반인을 위한 코스가 있었다. 나는 일반인을 위한 수업에 등록했다. 일주일에 2번, 회당 90분씩 8주 수업이었다. 비용은 제법 들었지만, 영어 울렁증 딱지는 꼭 떼어내고 싶었다.

첫 수업에서 알았다. '영어 울렁증'은 비유적 표현이 아니라 실제 증상이었다는 것을. 못 알아듣는 말을 알아들으려 지나치게 애쓰니 멀미가 나는 듯 속이 울렁거렸다. 대답하라고 할까 봐 계속 선생님의 신발만 쳐다봤다. 지금도 선생님의 바지와 신발을 그릴 수 있다. 피터팬처럼 짙은 회색 레깅스에 검푸른 세무 부츠가 발목에서 접혀 있었다. 한 달 넘게 울렁거림을 참으며 견뎠다. '어떻게 여기까지 왔는데! 점점 나아질 거야.' 스스로 다독였다.

이웃 한국 친구가 『성문 기초영어』를 가져왔다. 다시 보니 중학교 때 던져버렸던 그 책이 어이없게도 기초를 다지기엔 가장 좋다는 생각이 들었다. 복사해 친구와 열심히 공부했다.

딸들 영어는 하루가 달랐다. 하지만 내 영어는 흩날리기만 했다. 도무지 쌓이는 것 같지 않았다. 12조각 정도라 생각했던 영어 퍼즐이 몇 주도 지나기 전에 천 조각, 아니 몇천 조각도 넘을지도 모른다는 생각이 들었다. 열심히 놓는 조각이 그림을 만들기는커녕 사라지는 듯했다.

그렇더라도 포기할 수는 없었다. 배움에 왕도는 없다. 매일 먼지처럼 어딘가에서 조금씩 쌓인다. 그림이 보이지 않아도 부지런히 퍼즐 조각을 놓아야 한다. 어릴 땐 몰랐던 이 사실을 영어 덕분에 알게 됐다. 보이지 않는 그림을 찾아 모든 방법을 동원했다.

'좀 더 빠른 방법은 없을까?'
'더 좋은 방법은 없는 걸까?'

미국에 와서노 도무지 늘지 않는 영어를 정복하려고 헤맸다. 그렇지만 찾지 못했다. 여기까지 온 보람이 없었다. 기대에 턱도 없이 부족한 내 영어가 원망스러웠다. 그럴 때마다 더욱 단시간에 실력을 올려줄 방법 찾기에 혈안이 되었다.

하지만 내가 할 수 있는 것은 고작 매일 영어를 듣고 읽고 말하는 것뿐이었다. 초라한 영어를 멋진 영어로 탄생시킬 마법의 가루 같은 비법이 필요했다. 그런 건 존재하지 않는 걸까? 어딘가에는 있을 거라고 마음을 다스리며 끊임없이 찾아 헤맸다. 내가 할 수 있는 거라곤 그것뿐이었다.

영어를 잘하고 싶었다. 더욱 간절해졌다. 물건을 찾다 헤매면 직원에게 물어보고 싶었다. 나도 티브이를 보며 함께 웃고 싶었다. 나의 바람을 타고 그렇게 영어가 내게 왔다. 처음에는 불편함을 지워줬고, 내가 알지 못했던 세상을 알게 했다. 영어 비법은 못 찾았지만, 슬그머니 내 곁에 영어가 자리 잡았다. 없으면 안 되는 소중한 존재로.

English means… 영어는 말이죠…

김위아

25년 전, 창업 첫 달부터 성희롱 전화를 받았다. 학원 전화로 일주일에 두세 번씩 걸려 왔다. 목소리로 하는 성폭행이었다. 부부간에도 나누지 못할 성적 비속어를 쏟아내고 끊어버렸다. 어린 미혼 여자 혼자 사업하기 만만치 않다는 걸 문 열자마자 체감했다. 건물주와 학부모도 전화 폭력을 휘둘렀다. 그들이 소리 지르니, 내가 죄인 같았다. 뭘 잘못했는지도 모른 채 화풀이 대상이 되었다.

나에게 호감이 있던 건물주 아들은 우리 동네에 종종 나타났고 이유 없이 학원에 찾아왔다. 평상시에도 나를 관찰했다. "왜 학생 공부하는 곳에 남자를 끌어들여? 행실 똑바로 해! 문 닫고 싶어?" 대학 선배가 개원 선물을 전해준다며 우리 학원에 들렀었다. 그걸 봤는지, 전화로 퍼부었다. 반말이었다.

사회에 나와 부모 없는 설움을 자주 마주했다. '공부해서 더 똑똑해질 거야. 돈도 많이 벌고 힘을 키워 날 함부로 대하지 못하게 할 거야.' 독기가 자랐다. 마음과 달리, 일하느라 공부는 뒷전이었지만 그 불씨는 꺼트리지 않았다.

학원이 승승장구할 줄 알았지만, 11년 차에 세 가지 시련이 찾아왔다. 암 진단을 받았고, 신종플루로 휴원해서 매스컴에 보도되었고, 교육비 연체한 학부모가 칼 들고 학원에 왔다. 무방비 상태에서 겪은 사건들 앞에, 깡다구 끝내주던 나는 무릎을 꿇었다. 좌절과 무기력이 엉겨 붙었을 때, 가장 하고 싶었던 건 공부였다. 중고등학교 시절 영어가 나를 지켜줬듯, 다시 의지하기로 했다. 2012년부터 2016년까지 개인 과외를 받고 대학원에 다녔다. 영어 공부에 몰입했고 정체성과 자존감을 되찾아왔다.

2010년에 암 수술하고, 2년간 병원을 내 집처럼 드나들었다. 치료와 항암제 부작용인지 기억력과 집중력이 떨어졌다. 수능 독해 정도야 만화책이었는데, 중3 지문도 버거웠다.

'실력이 이래서 대학원 논문을 읽겠어?'

선생님이 필요했다. 2012년부터 개인 과외를 시작했다. 초심으로 돌아가 영어의 모든 것을 처음부터 배웠다. 4년간 과제를 1,210번 제출했다. 1회당 과제 분량이 평균 3시간이었다. 3시간 과제를 1,210번 했다. 암 환자였다. 하고 싶은 걸 하니 암세포도 꼼짝 못 했다.

대학원에 다니느라 주 3일은 아침 8시에 집을 나서고 자정에 들어왔다. 학교와 과외 과제, 학원 업무를 챙기면 새벽 3~4시였다. 워커홀릭에 자기 계발 끝판왕인 내가 걱정됐는지 과외 선생님은 장샤오형이 쓴『느리게 더 느리게』를 선물로 건넸다. 짙은 녹색 속지에 짤막한 영어 메시지가 있었다.

Take it easy. Pauses are needed from time to time to hit the stride!

　　　　　　　　　　　　　　　- 2014년 3월 17일, From Park

여유를 가지세요. 최상의 성과를 발휘하려면 가끔 휴식이 필요해요.

과제를 올렸던 카페에 기록이 남아 있다. 날짜는 바꾸지 못하고, 남이 달아준 피드백 역시 내가 어쩌지 못한다. 영어에 기대어 시간을 의미 있게 보냈다는 걸 누구에게라도 보여줄 수 있다.

대학원 동기는 모두 미국, 영국, 호주에서 2년 이상 공부했다. 단기 어학연수 경험도 없는 학생은 나뿐이었다. 그들은 영어 전용 수업에서 모국어 하듯 영어를 자연스레 구사했다. 원어민 교수와 스스럼없이 대화했고, 자연스러운 제스처를 취했고, 행복에 겨워 웃었다. 나는 이방인이었다. 대화에 낄 타이밍을 찾지 못해 수업

내내 다섯 마디 겨우 했다.

자존심을 회복한 건 기말시험 에세이 라이팅 덕분이었다. 시험 당일에 받은 주제를 보고 A4 두 장 분량으로 논리와 근거를 대며 써내야 했다. 주어진 시간은 단 50분. 최선을 다해 썼으나, 첫 장 하고 두 번째 장 3분의 1 정도 채웠다. 좋은 결과를 기대하진 않았는데 성적표엔 뜻밖의 내용이 있었다.

Final Exam: Highest in class

Comments: This was a difficult test, because I think I didn't give enough time – but you had an interesting argument about the duties of flight attendants and hiring ethics. And the references were well done.

기말시험: 클래스 최고 점수

코멘트: 시험이 어려웠습니다. 시간이 충분하지 않았어요. 하지만 비행 승무원의 의무와 채용 윤리에 대해 흥미로운 주장을 했습니다. 참고 자료도 잘 정리했습니다.

학원이 망해가는 걸 지켜봐야 했을 때, 마음 둘 곳 없어 영어에 의지했다. 암세포가 발견됐을 때 영어부터 찾았다. 나와 학원을 다시 세우려고 공부하며 때를 기다렸다. 물건은 도둑맞을 수 있고, 불에 타서 없어질 수 있고, 시간이 지나면 제 기능을 못 한다. 머릿속 지식과 몸에 밴 경험은 훔쳐 가지 못한다. 365일 함께하며 가치를 더해간다.

학부모 설명회 날에 5년간의 공부 기록을 보여줬다. 너덜너덜해지도록 복습했던 『언어 학습과 교수의 원리(PRINCIPLES of LANGUAGE LEARNING AND TEACHING)』와 영어교육학 책들, A4 수백 장 분량의 영작, 온라인 카페에 쌓아둔 과제. 설명회를 위해 급히 만들 수 있는 자료가 아니었다. 학부모 마음을 움직였고, 스무 명 가까운 학생이 등록했다. 학원은 다시 성장의 길에 올라섰다. 영어는 학원과 나를 일으켰다. English means everything to me. 영어는 나에게 전부다.

달콤 쌉싸름한
영어 공부의 추억

했던 거 또 할게요

주소연

뭐든 꾸준히 하면 실력이 는다. 영어도 마찬가지다. 하지만 '매일' 나아지는 게 보이냐고 묻는다면 그렇다고 할 사람이 얼마나 될까?

열 살에 영어를 처음 만났다. 그 후 30년을 함께 했지만, 실력이 확 늘었다고 느낀 순간은 세 번이다. 아이러니하게도 가장 소박한 자료로 공부하던 시기였다.

전화영어

교생실습을 나간 학교에서 영어로 수업을 진행해야 했다. 회화는 1학년 전공 필수 과목으로 수강한 게 다였다. 그마저도 두 번 다 B+를 받았다. 툭하면 우리말을 해서 원어민 교수의 눈 밖에 났다. 말하기 대신 쓰기를 열심히 하지도 않았다. 아웃풋에 약한 게 당연했다.

동기들은 '수업 구성'에 신경 쓸 때, 혼자서 '대본 작성'에 매달렸다. 번역기를 돌린 문장을 얼기설기 엮고, 수업 전까지 달달 외웠다. 하지만 수업은 원맨쇼가 아니지 않은가. 학생의 돌발 질문까지 대비할 수는 없었다. 결국, 대본에 없는 말을 할 때는 티 나게 더듬었다. 정신없는 와중에도 비문을 말한다는 걸 알아챘다.

실습이 끝나고 전화영어 수업을 알아봤다. 하루 10분만 투자하면 된다는 데 솔깃했다. 어디든 등록 전 테스트는 무료였다. 한 곳에 신청하고 기다리는데, 전화 올 시간이 가까워지니 손에서 땀이 났다.

30분 통화를 마쳤다. 각각 다른 필리핀 강사와 10분씩 세 번이었다. 긴장했어도 대답은 잘한 것 같았다. 잠시 후, 피드백이 도착했다. 레벨이 1부터 8까지였는데, 두 명은 3, 한 명은 2를 줬다. '겨우?' 첨삭 내용을 확인했다. 하나같이 단순 시제와 단·복수 오류였다. '내가 이렇게 말했다고?' 첨부된 통화 음성 파일을 열었다. 피드백에 적힌 문장이 그대로 나왔다. 내 목소리였다. 그 자리에서 10분씩 주 2회 수업을 등록했다.

선택한 업체는 강사가 한 말 전부를 받아 적으면 무료 수업을 제공했다. 열심히 공부하는 회원이 늘어날수록 회사 홍보도 된다는 전략이었다. 공짜로 실력을 높일 기회였다. 첫 수업부터 받아쓰기를 시작했다. 안 들리는 구간은 몇 번이든 반복 재생했다. 10

분 수업을 완성하는 데 2시간 넘게 걸렸다.

3개월을 꾸준히 했다. 속도가 빨라져, 이제는 1시간이면 충분했다. 수업을 늘리고 싶었다. 20분씩 주 5회를 추가 등록했다. 다른 회원의 받아쓰기 빈칸도 채웠다. 다양한 억양을 접할 기회이자, 무료 수업을 받는 또 다른 방법이었다. 이후 10년 동안 무료 수강을 이어갔다.

효과는 진작 봤다. 1년이 지나고부터 즉석에서 하고 싶은 말을 할 수 있었다. 하지만 수업에만 의지한 성장은 3년이 최대였다. 언제부턴가 익숙한 표현만 쓰고 있었다. 인풋 없는 아웃풋의 한계였다. 수업을 '배운 걸 말로 내뱉어볼 시간'으로 여겨야 했다.

교재를 코리아헤럴드로 정했다. 기사를 미리 읽고, 강사에게 요약해 들려줬다. 그리고 나서 이를 주제로 대화를 이어갔다. 낯설었던 표현도 대화로 풀어내고 나면 머릿속에 남았다. 반년을 지속하니 어떤 강사를 만나든 레벨 6~7을 받기 시작했다. 말하기 시험에서도 별다른 준비 없이 만점이 나왔다.

Anderson Cooper 360°

한 포털 사이트 인기 글에서 '훈남 CNN 앵커'로 유명한 앤더슨 쿠퍼를 알게 됐다. 별명은 Sexy Gray Fox로 은발에 푸른 눈을 가진 그에게 어울렸다. 목소리도 좋아서, 영어 듣기 훈련 의지가 샘솟았다.

　Anderson Cooper 360° 팟캐스트를 내려받았다. 20분 영상을 하루에 세 번 시청했다. 멋진 진행자 덕분에 무슨 말인지 못 알아들어도 재밌었다. 팟캐스트는 주 5회 올라왔다. 주말마다 이전 것은 삭제하고 새로운 걸 넣었다. 어차피 안 들리는 건 매한가지였다.

　매일 60분씩 빠져든 지 3개월이 지났다. '어?' 이날따라 그가 하는 말이 이해됐다. 대충 짐작하는 식이 아니었다. 우리말을 하는 것 같았다. 20분을 꼼짝하지 않고 시청했다. 평소처럼 두 번 반복하는 대신 다음으로 넘어갔다. 다른 영상에서도 똑같은지 궁금했다. 우리말을 하는 앤더슨 쿠퍼가 거기에도 있었다.

　'귀가 뚫렸나 봐!' 신나서 미국 드라마 'How I met your mother?'를 틀었다. 흥분도 잠시, 우리말은 어디 가고 다시 외국어가 등장했다. 다 통하는 건 아니었다. 뉴스다 보니 또박또박 말해줘서 잘 들렸나 보다. 앤더슨 쿠퍼의 억양에 익숙해지기도 했다. 실망스럽진 않았다. '이것도 여러 번 들으면 되겠지, 뭐.'

해리포터 1권 10회 독

　원서 한 권을 반복해서 읽으면 도움이 된다고 들었다. 읽는 속도가 느려서 다독은 부담스럽던 차였다.

해리포터 1권을 집었다. 특별한 이유는 없었다. 영어 좀 한다는 사람들이 해리포터 원서를 읽는 걸 봤다. 여러 번 반복해야 하니, 나름 있어 보이는 책을 고르고 싶었다.

처음 세 번은 오디오북을 들었다. 짐 데일(Jim Dale) 성우가 실감 나게 읽어줘서 이해가 안 돼도 들을 만했다. 모르는 단어를 일일이 찾아보진 않았다. 정말 궁금할 때만 검색했다.

귀로 세 번 듣고 나서 눈으로 읽을 차례였다. 오디오북에서 들었던 속도를 떠올리며 빠르게 넘어갔다. 네 번째인데 '이런 내용이 있었어?' 싶은 부분도 많았다. 회독을 늘리며 모르고 넘어갔던 문장이 저절로 이해됐기 때문이다.

6회 독에서 위기가 왔다. 다음 권 이야기가 궁금했다. 고민하다가 맨 앞장을 펼쳤다. 여섯 번 읽었다는 동그라미 표시가 있었다. 어느새 목표 중 절반을 지나왔다. 다른 책 문장 구조도 눈에 잘 들어오던 참이었다. 꾹 참고 10회 독을 채웠다. 오디오북 청취까지 합하면 13회 독이었다. 변화는 전화영어 수업에서도 나타났다. 관계사를 넣은 긴 문장이 자연스레 나왔다.

요즘 공부할 자료가 넘쳐난다. 돈 주고 사지 않아도 인터넷에서 손쉽게 찾을 수 있다. 오히려 무엇을 선택해야 할지가 고민이다. 하지만 정작 효과를 본 자료는 신중히 고른 게 아니었다. 중요한 건 무엇을 공부하느냐가 아니다. 무엇이든 꾸준히 하는 것이다.

말이 술술 나오네.

들린다!

구조가 보여.

셋 다 '단순 반복'에서 온 성과였다. 늘 제자리인 것 같았지만, 어느 순간 달라져 있었다. 반복이 쌓여 변화를 끌어낸 셈이다. 실력은 기적처럼 단번에 오르지 않는다. 한 걸음씩 쌓여서 만들어지는 결과다.

커져라, 단어 창고

양진아

영어 공부할 때 신문 기사, 소설, 잡지 등 종류를 가리지 않았다. 잘하고 싶어서 영어 라디오 듣고 받아쓰기 연습하는 대학 동아리에 가입했다. 모임 후 매번 있었던 술자리가 부담스러워 오래 하지 못했다. 공부에 도움이 되지 않는 것은 하지 않으려 했다.

과 친구들이 "진아는 나중에 교수가 되면 진짜 깐깐할 것 같아. 대충 하면 다 F 주는 거 아니야?"라고 말하곤 했다. 친구들 눈에 나는 공부만 하는 동기였다. 등굣길 가방에는 늘 영어 신문, 카세트 플레이어와 이어폰이 들어 있었다. 버스를 타면 자동으로 이어폰을 끼고, 영어와 프랑스어를 들었다.

1학년 때엔 코리아헤럴드, 2학년 때엔 타임지를 읽었다. 처음에는 사전을 찾으면서 봐야 해서 시간이 오래 걸렸다. 1주일 안에 타임지 한 권을 다 읽지 못했다. 그래도, 어려운 글에 도전하는 재미가 쏠쏠했다. 공강 시간에는 주로 도서관이나 랩실에서 공부했다. 방학에는 영어 회화 학원에 다녔다. 통역대학원이라는 목표가 있었기 때문에 리스닝 수업에 주력했다.

2학년 방학부터 토익과 토플 시험을 보았다. 당장 필요한 것은 아니었지만, 미리 준비해서 고득점을 받을 목적이었다. 대학 생활 4년 내내 열심히 공부했다. 전공은 프랑스어였지만, 4학년까지 영어 수업을 매 학기 수강했다.

4학년 때 미국 유학을 위해 GRE 공부를 했다. 보카 33000을 시작으로 어려운 단어들을 외워야 했다. 동네에 도서관이 없어서 새벽 5시에 좌석 버스를 타고 송파구까지 갔다. 아침부터 밤까지 영어 공부만 했다. 이때 외워둔 단어들을 지금까지도 기억한다. 외국어 글씨 정복은 늘 행복한 의무였다. 새벽에 나와서 밤에 집에 돌아오는 반복되는 일정이 하나도 지겹지 않았다. 토플 성적이 잘 나왔으니, 이제 GRE 성적만 잘 나오면 된다는 생각에 나를 쪼아가며 공부했다.

다시 돌아봐도, 진짜 열심히 공부했다. 프랑스어과를 수석으로 졸업했다. 최선을 다했다. 후회는 없다. 그때 열심히 했기 때문에 지금의 자리에 있다. 공부하는 동안은 힘들고 하기 싫을 때도 있었지만, 그 시간을 견디고 나서 돌아보면 스스로 자랑스럽게 느껴진다.

유학 준비를 할 때에는 영어 생각만 했다. 길을 가다가도, 운동

할 때도 영어 단어와 표현을 생각하고 외웠다. 한국어 단어를 보면 그 뜻에 해당하는 영어 단어를 생각했다. 영어 단어를 보면 유의어를 떠올렸다. 예를 들어 hate(미워하다)란 단어를 보면 '혐오하다'라는 뜻의 abhor, detest를 상기하면서 외웠다.

학부 졸업 후에 연세대학교 정치학과 석사 과정에 입학했다. 교재는 모두 영어 원서였다. GRE 단어 학습을 안 했더라면 더 힘들었을 것이다. 진심으로 공부했던 것은 사라지지 않는다. 오랫동안 공부한 단어가 내 머릿속에 남아서 필요할 때 꺼내 쓸 수 있었다.

정치학 석사 학위를 취득하고 어릴 적부터 꿈꿨던 미국으로 유학을 하러 갔다. 넓은 캠퍼스 잔디밭과 도서관에서 공부하는 나의 모습은 오랫동안 마음속으로 그리던 그림이었다. 학부 4학년으로 편입했다. 1년 동안 졸업에 필요한 학점을 이수해야 했다. 당시 학과장 마리 윈 교수님이 나의 능력을 믿어주지 않아서 더 열심히 했다.

"진아, 난 네가 1년 안에 학점을 다 채울 수 있을 거로 생각하지 않아."

"교수님, 저를 믿어주세요. 진짜 열심히 할게요. 최선을 다할게요."

떨리는 마음으로 교수님을 마주했던 이 장면이 아직도 기억난다.

첫 번째 학기 성적으로 4.0 만점에 3.88을 받았다. 두 학기 모두 Dean's list student였다. Dean's list는 매 학기 좋은 학점을 받은 학생을 기록한 명단이다. 학교는 그 먼 미국에서 한국 부모님 집까지 우편물을 보내서 내가 Dean's list student라고 알려줬다. 졸업할 때는 프랑스 대사관에서 수여하는 상을 받았다. 마담 에린 교수님이 추천해주셔서 받게 되었다. 학생의 노력을 인정하시고, 칭찬과 당근을 적절하게 사용하셨던 교수님이었다. 졸업식 날, 브로슈어를 보고 알았다.

"교수님, 예상하지 못했어요. 감사합니다."

"진아, 너는 이 상을 받을 만해. 열심히 했잖아."

4시간 이상 잘 수 없었다. 무릎 담요와 노트북을 늘 들고 다녔다. 미국인 친구들에게 질 수 없었고, 학과장 교수님에게 보여주고 싶었다. 새로운 영어 단어, 표현을 적을 메모장을 가방에 넣고 다녔다. 도서관에서 공부할 수 없으면 기숙사 지하 자습실에 가서 공부했다. 노력의 결과가 성적표 숫자로 나왔다. 학교 수업과 혼자 공부하는 시간이 즐거웠다.

말을 계속 배워서 연습해야 한다는 의무 때문에 스트레스를 받을 때가 있었다. 새로운 표현을 알게 될 때 기분이 좋아졌다. 대화 중에 모르는 단어를 알게 되는 것을 '픽업(pick up)' 한다고 한다.

'보다'라는 뜻의 see가 '데이트하다, 사귄다'라는 뜻이 있는 것을 맨해튼 교회 친구들과 대화하면서 배웠다. 어떤 친구가 "나 요즘에 누굴 만나"라는 뜻으로 "I am seeing someone"이라고 말했다. 나중에 대학생 영어 수업에서 이 표현을 가르쳐줬다. 대학생들 또한 see가 '사귄다'라는 뜻을 가지는 것을 알지 못했다.

하루는 대화하다가 '실패하다(fail)'라는 뜻의 'fall through'를 픽업했다. 이후에 사용했다. 픽업한 단어를 성공적으로 사용할 때 뿌듯했다. 책에서 배운 표현이 아니고, 실제 대화에서 혼자 알아듣고 사용한 것이다.

20년이 지나도 이 표현을 기억하고 있다. 남이 알려준 표현이 아니어서 잊지 않는 것 같다. 몰입 환경이 언어 습득에 매우 효과적이긴 하지만, 그 환경을 얼마만큼 활용하는지는 본인에게 달려 있다. 미국에 살아도 입을 열어서 연습하지 않는다면, 실력은 늘지 않는다. 스스로 연습해야 발전한다.

얼마 전, 중3 학생을 가르치고 있는데 초5 학생이 리스닝 연습을 하다가 모르는 단어가 있다며 질문했다. asylum(망명), court-ship(교제), inheritance(유산)를 물었다. 막힘없이 답해주는 날 보며 중3 학생이 말했다. 물론 몹시 어려운 단어는 아니었다. 본인이 모르는 단어들이니 대단해 보였을 뿐이다.

"선생님은 마마고예요."

"25년 전에 외웠던 단어들이야."

땀 흘려 익혔던 것은 내 안에 익숙함으로 남아 있다. 영어 단어도 마찬가지이다. 공부할 때는 벅차서 힘들었지만, 나중에는 내게 팔방미인 같은 자원이 되었다. 미국 유학을 오랫동안 꿈꿨기 때문에 이것을 이루기 위해서 잠도 줄이고 공부했다. 등 떠밀려 유학 준비를 했더라면 즐겁게 하지 못했을 것이다. 바라는 것을 얻기 위해서는 땀과 시간을 쏟아야 한다.

무엇보다 언어는 절대적 시간이 필요하다. 단어를 손으로 쓰고 입으로 말하는 시간이 쌓여야 한다. 어느 정도 쌓이면 읽을 수 있는 글이 늘어난다. 자신의 성장을 눈으로 보게 되면서 성취감은 자연스레 따라온다.

찾았다! 영어 비법

김지현

'영어 공부' 하면 떠오르는 상상 속 장면이 있다. 에베레스트산 입구에 반바지와 슬리퍼 차림으로 서 있는 내 모습이었다. 이미 정상에 올라, 보이지 않을 만큼 높이 있는 사람과 중턱을 넘어가는 이들을 바라보며 부러워하고 있었다. 심지어 장비를 잘 챙겨 막 오르기 시작한 그들 속에서 나는 두리번거렸다.

'빠른 길은 어디지? 앞서가는 이들의 비법은 뭐지?' 하며 헤매기만 했다.

단어와 문장 구조라는 등산복과 신발도 신지 않고 그저 빠른 길만 찾고 있었다.

파랑새를 찾아 떠났던 남매가 빈손으로 집에 돌아오니, 바로 거기 파랑새가 있었다는 이야기가 생각났다. 세상에 비법 같은 건 없다. 기본 장비를 잘 갖추고 나만의 길을 개척해야 한다. 지금 정상에 있는 이들 모두 오랜 시간 정성으로 한 걸음씩 힘겹게 내디

딘 것임을 뼈저리게 느꼈을 때, 영어 설교가 들리기 시작했다. 시행착오 자체가 길이었다. 그토록 찾던 비법이었다.

영어로 의사소통하거나 문서를 읽는 것이 익숙해질 때, 결심했다. 한국에 돌아가면 에베레스트 등정 장비를 잘 갖추어주는 영어 강사가 되겠다고. 나의 경험을 학생들과 나누고 싶다는 꿈이 생겼다.

미국에서 공부할 때, 과제를 하며 가끔 이해되지 않는 어법이 있었다. 원어민 선생님은 나의 의문을 해결하지 못했다.

"원래 그래." "이유는 없어." "그냥 좀 어색해." 이렇게만 답할 뿐이었다. 나는 지금도 학생에게 이런 답변은 절대 하지 않는다. 얼마나 답답한지 알기 때문이다.

수업 시간에 다루는 교재 외에도 부지런히 항공우편으로『해커스 TOEFL』이나『경선식 영단어』,『일빵빵』같은 영어 교재를 구했다. 프렌즈나 길모어 걸즈, 앨리 맥빌 같은 미드를 찾아 열심히 보고, 따라 말했다.

애드 쉬런의 'Perfect'나 아델의 'When We Were Young' 같은 팝송도 가사를 적어가며 열심히 불렀다. 운전할 때는 NPR이라는 지역 뉴스나 패턴 영어를 들으며 익혔다. 못 알아들어도 상관없었다. 소리가 귀에 익으니 조바심도 줄었다.

여전히 정상으로 가고 있다. 어느새 끝나지 않는 숙제 같던 영어 공부를 즐기고 있었다. 영어 정복이라는 긴 여정에서 영어는 내게 둘도 없는 친구가 되었다. 평생 친구로 끊임없이 나만의 정상을 만들어갈 것이다.

그렇다. 비법은 없다. 지름길도 없다. 나만의 길을 찾아 끊임없이 시도하고 계속하는 것, 한마디로 시행착오를 즐기며 오늘도 한 걸음 나아가는 것이 비법이라면 비법이다. 영어 공부법은 수천, 수만 가지다. 가장 편하고 좋은 방법으로 멈추지 않고 계속한다. 그러면 어느새 장비를 잘 갖추고 얼마 남지 않은 정상을 바라보는 나 자신을 발견하게 되리라.

얼마나 늘었는지 자꾸 확인하면 불안해지고, 내 방법이 맞는지 의심 간다. 반복과 지속, 이 두 가지면 충분하다. 끊임없이 시도하고 올바른 방법을 지속한다면 실력은 자연스레 오른다. 다른 사람이 어디에 있는지 자꾸 비교하지 말자. 정상에 서는 방법은 내 길을 부지런히 가는 것뿐이다.

셰르파족을 아는가? 에베레스트 등정을 돕는 일로 살아가는 네팔의 작은 부족이다. 내가 처음부터 셰르파는 아니었다. 하지만 어디서 어려움을 만나는지, 포기하고 싶은 순간이 언제인지, 난관을 어떻게 넘어가야 하는지 잘 아는 셰르파가 되었다. 고비와 언덕, 빙판을 넘어 지금 이 자리에 있으니 말이다.

미국행 비행기에 올랐을 때 두렵고 불안했다. 그때 누군가가 나를 특별한 사람처럼 도와주었다. 영어를 가르치는 일은 나를 도운 그들처럼 모르는 길을 안내하는 일이다. 내가 터득한 비법을 나누며, 걱정하지 않아도 된다고 안심시킨다. 성장이라는 기쁨을 연료로 모험을 떠난다. 비법은 바로 여기, 시행착오 속에서 배우는 반복과 지속이다.

다시 한번 큰 소리로 외쳐본다.

'영어 비법, 찾았다!'

스피King 할래 1부
낸시와 조앤을 물리쳐라

김위아

7월에 강남대로를 지나가다 파고다 어학원을 봤다. 건물 정면에 대형 광고판이 있었다. 왕관 사진 아래 '스피King 하소서' 문구가 있었다. 한때 스피킹을 간절하게 잘하고 싶었다. 영어를 글로 배워서, 외국인을 보면 심장박동수가 빨라졌다. 스피킹은 아킬레스건이었다. 지금은 King까지는 아니라도, 하고 싶은 말은 한다. 이렇게 되기까지는 웃픈 동기와 매일 말하는 습관이 있었다.

"이모는 왜 영어 말을 못 해?"

영어 유치원에 다니던 조카 준서는 왕방울만 한 눈을 반짝이며 물었다. 영어학원 원장인 이모가 원어민 교사처럼 말하지 못해서 의문을 품었다. 내신 위주라서 외국인만큼 잘할 필요 없다고 설명하기 어려웠다. 변명 같아 하고 싶지도 않았다.

"이모, 미스 낸시는 영어 말도 잘하고 엄청 웃겨."

"이모! 틀렸어! 미스 낸시는 '애아쁘오' 해."

사과를 '애플'이라 발음했다가 된통 혼났다. 조카는 오동통 앙증맞은 입술을 요리조리 벌리며 '애아쁘오' 했다. 낸시가 나타나기 전까지, 이모 최고라며 엄지손가락을 치켜들었는데…. '이모 사랑해' 쪽지를 수시로 건넸는데…. 어느새 하트 쪽지는 그녀 차지였다.

미스 낸시는 미국인이다. 꼬옥 '미스'를 붙여야 한다. 빼먹으면 또 '미스'를 안 붙였다며 자기 엄마에게 일러바친다. 당할 수만은 없었다. 한 글자 한 글자 또박또박 발음하며 방어에 나섰다.

"미스 낸시는 영어 나라에서 왔지? 자기 나라 말이라서 잘하는 거야! 이모는 한국말 잘하잖아?"

알아들었는지 몇 달 동안 '낸' 자도 꺼내지 않았다. 하아…! 드디어 적을 물리쳤구나. 쾌재를 불렀다. 평화로운 날이 이어졌다. You are the apple of my eye!(눈에 넣어도 안 아파!) 조카를 바라보는 내 눈엔 다시 사과가 떠다녔다.

동생한테 카톡이 왔다. 준서가 유치원 갔다 와서 한 얘기를 읊어댔다. 요약하자면 이랬다. 유치원의 '미스 조앤'은 한국 사람인데 영어 말을 잘한단다. 이모는 영어학원 원장님인데 왜 영어 말을 못 하냐며 자꾸 묻는다고 어떻게 좀 해보라고 했다. 동생은 일단 이렇게 둘러댔단다.

"이모도 영어 말 잘해. 장난치는 거야."

동생이 웬일로 내 편을 들었다. 무슨 꿍꿍이일까. 더 불안하다. 형아들한테 문제집만 풀려서 영어 말 못 한다고 했었다. 문법과 영작 실력은 대한민국에서 둘째가라면 서럽다. 준서가 중학생이 되면 내 진가를 인정해주려나.

"암튼 잘 둘러댔어. 몇 년간 쭈욱 그렇게 넘어가."

남들 보면 웃고 넘길 말이지만, 나름 비장했다. 거짓말도 한두 번이지, 계속은 곤란했다. 정의에 불타는 조카는 이모의 거짓을 용서치 않으리라! 그건 그렇고, 급히 사태를 수습하고 보니, 뭔가 이상했다.

미스 조앤? 미스 낸시가 아니고?

낸시 이야기를 안 한 건 이유가 있었다. 그녀가 미국으로 돌아갔다. 낸시를 이겼다고 자신만만했건만, 더 큰 문제가 닥쳤다. 초강력 적수가 나타났다. 미스 조앤은 한국 사람이란다. 이모는 한국 사람이라 영어 말 못 해도 된다고 큰소리 뻥뻥 쳤는데, 어쩜담. 낸시에게 뺏긴 조카를 어렵사리 되찾았건만 '미스 조앤'이라니. 한국 사람인데, 영어 말을 잘한다니! 재미 교포가 분명할 텐데? 또다시 방어에 나설까? 머리를 굴렸다. 정정당당한 모습을 보여주기로 했다. 정면 돌파를 택했다. '그래, 스피킹으로 붙어보겠어!' 세상에서 가장 사랑하는 조카에게 들어야 했다.

'우리 이모는 미스 낸시랑 미스 조앤보다 영어 말 참 잘해.'

조카 앞에서 쭈구리 이모는 되지 않으리!

조카 바보에겐 조카의 말 한마디가 어떤 동기보다 힘이 셌다. 스피King이 되려는 마음은 늘 품고 있었지만, 행동으로 옮기지 않았다. 창피를 당할 땐 불같은 동기가 끓어올랐으나, 위기(?)를 모면하고 나면 이내 사그라들었다. 그러면서 '왜 나는 유창하게 말을 못 하는 거야?' 어이없는 의문을 품었다.

피아노를 잘 치려면 건반을 두드려야 하고, 수영을 잘하려면 물속에서 연습해야 한다. 나는 회화를 잘하고 싶다면서 입을 벌리는 둥 마는 둥 했다. 학생에겐 녹음 과제를 매일 내줬으면서 말이다. 조카와 학생에게 부끄럽지 않은 모습을 보여주고 싶어 행동에 나서기로 했다. '이제 당당히 스피킹 할래!' (2부에 이어서)

열등감 적극 환영

주소연

"전공자 맞아요? 영어교육과 나왔다면서 나보다 해설을 못 쓰면 어떡해요?"

사수가 내가 만든 토익 문제 해설지를 보고 웃으며 말했다. 영어 콘텐츠 개발팀에서 처음 맡은 업무였다. 신입으로서 배려받은 덕분에 분량이 많지도 않았다. 사수는 두 배 이상이 되는 일을 먼저 마치고 내 모니터 화면을 훑었다. 그녀가 작성한 해설을 읽어보니 훨씬 깔끔하고 명확했다. 생각지도 못한 방식으로 핵심을 콕 짚어 설명하고 있었다.

"정말 이해가 쏙쏙 되네요."

어색하게 웃으며 그녀의 해설에 감탄했다. 대학 졸업반 때 토익 강사로 월 400만 원 이상 벌었다는 답이 돌아왔다.

"하던 거 줘요. 내가 마무리하게."

사수는 남은 문제를 챙겨 갔다. 일을 줄여준 건 고마웠지만, 동시에 간단한 해설조차 제대로 작성하지 못한 나 자신이 부끄러웠다. 머릿속에서 계속 '왜 이 정도도 못 하지?'라는 생각이 맴돌았다. 그렇다고 토익 공부를 다시 하긴 싫었다. 대신 다른 시험에 도전하기로 했다.

석 달 후, 본부장이 물었다.

"토익 스피킹 성적표 있는 분?"

강의 홍보 자료에 고득점 받은 사람 후기를 넣고 싶다고 했다. 자신 있게 손을 들었다.

"저요."

그동안 해왔던 공부가 떠올랐다. '전공자 맞아요?'라는 말에 자극받아, 혀뿌리가 아플 정도로 중얼거리며 연습한 시간이었다. 강의나 교재를 구매해 토익 스피킹만 파고들진 않았다. '승진' 같은 직접적인 동기가 아니라, 지루해지면 금세 그만둘 게 보였다. 대신 '고우 해커스' 사이트에 매일 출석했다. 다양한 시험 대비 강의, 뉴스 받아쓰기, 분야별 필수 단어 연습 등 무료 학습 페이지에 올라오는 자료를 번갈아 가며 공부했다. 토익 스피킹은 쳐다보지도 않고 토플 학습 페이지에만 머문 날도 많았다. 시험 이름만 다를 뿐, 영어인 건 똑같아서 괜찮다고 생각했다. 대신 한 가지는 고수했다. '어떤 자료든 반드시 따라 읽으며 공부할 것.' 주말에는 하루 다섯 시간씩 말했다. 목이 아프면 입이라도 벙긋했다.

그렇게 만점 성적표를 제출했다. 내가 이룬 성과가 나를 증명해준 순간이었다.

자존심 상하는 말을 들은 것도 아닌데, 혼자 불타오른 적도 있다. 학원 강사로 일하던 때다.

밤 10시, 수업이 끝나고 동료 강사와 7층에서 엘리베이터를 탔다. 쭉 내려가다가 4층에서 문이 열리더니 두 학생이 탔다.

"부원장님 수업은 소풍 다녀오는 기분이야."

그중 한 명이 말했다.

"맞아. 그냥 가만히 있어도 이해돼."

옆에 있던 친구도 맞장구를 쳤다. 동료와 눈빛을 교환했다. 우리가 일하는 7층에는 초·중등부가, 4층에는 부원장이 이끄는 고등부가 있었다. 건물을 나와 학생들과 멀어지면서 말을 꺼냈다. "대체 수업을 어떻게 하시길래 저런 평가를 받을까요?" 부원장은 내신시험이 끝난 후 전체 회의에서나 볼 수 있었다. "애들 말로는 문법도 문법이지만, 모의고사 지문 수업이 기가 막힌대요."

'소풍 같은 수업'이 머릿속을 떠다녔다. 편안한 분위기 속에서도 전달이 팍팍 되는 수업을 꿈꿨던 내게 한없이 부러운 찬사였다. 부원장에게 직접 조언을 구할 용기는 나지 않았다. 비법을 거저 얻으려는 얌체로 보일까 염려했다. 할 수 있는 건 더 열심히 수업 준비를 하는 것뿐이었다.

아는 내용이라도 처음부터 끝까지 다시 공부하기로 했다. 먼저,

'EXAM4YOU'에 올라온 수능 및 모의고사 지문 분석 파일을 전부 내려받았다. 양이 많아서 인쇄는 2주에 한 번 필요한 만큼만 했다. 반은 현재 수업에서 다루는 회차, 반은 개인 공부용이었다. 기본 영어 실력을 끌어올리기 위해 18번 글의 목적 찾기 지문부터 모든 분석 내용을 읽었다. 도중에 게을러질까 봐 강사 커뮤니티에 올라온 '고등 영어 카톡 스터디'에도 가입했다. 주 5일, 공부한 페이지를 사진 찍어 인증하는 방이었다. '하루 20분 녹음 스터디'도 함께했다. 사진으로 인증한 모의고사 지문을 낭독하는 식이었다. 나부터 완벽하게 이해해야 학생에게도 최대한의 가르침을 줄 수 있다는 마음으로 계속했다.

마지막까지도 '소풍 같은 수업'이라는 찬사는 듣지 못했다. 하지만 영어 실력을 한층 더 끌어올린 시간이었다.

영어를 잘하는 사람은 많다. 그들이 이룬 성취를 쉽게 넘볼 수는 없다. 같은 수준에 도달하려면 오랜 시간이 걸릴 것이다. 하지만 그 사실에 주눅들 필요 없다. 타인의 뛰어남이 우리를 자극하여 앞으로 나아갈 힘도 주기 때문이다.

열등감과의 동행은 아직 끝나지 않았다. 여전히 부족한 점도, 더 배워야 할 것도 많다. 하지만 이를 받아들이고, 그로부터 배우는 자세를 유지하려고 한다. 결국에는 더 나은 자신을 마주하게 된다.

수줍은 데뷔

양진아

    대학교 입학할 때의 목표는 통번역대학원 입학이었다. 1학년 때부터 차근차근 준비하고 싶었다. 시간 낭비는 하고 싶지 않았다. 번역사가 뭔지 경험하기 위해 번역사 시험도 응시해봤다. 영한사전을 코빌드 영영사전으로 바꿨다. 4년의 세월이 지나면서 국제기구 지원으로 진로를 바꾸었다. 대학원에서 국제정치학을 배운 후, 지원하고 싶었다. GRE 때문에 영어 공부를 손에서 놓지 않았다.

    난 학부생일 때도, 대학원생일 때도 학교 수업 이외에 다른 것을 하고 싶었다. 번역 회사에 영어와 프랑스어가 가능하다고 등록했다. 별다른 기대를 하지 않는데, 하루는 의뢰 전화가 왔다. 한 출판사에서 어린이 과학 도서 『What do you know about? Over 101 questions and answers』 번역을 의뢰했다. 일단 한 권을 해보자고 해서 동의하고 작업을 시작했다. 과학 도서를 읽으면서 몰랐던 과학 정보도 알게 되었다. 책 자체가 101개의 질문에 대한 답을 제시하는 식으로 구성되어서, 어린이들이 읽기에 지루하지 않았다.

번역 작업이 재미있었다. 번역한 부분을 회사에 보내고, 회사는 교정해서 다시 나에게 보내고, 나는 또 고치고⋯. 이런 과정을 반복해서 최종 번역이 완성되었다. 첫 번째 책이 끝나고 나서, 나머지 두 권도 의뢰하고 싶다는 소식을 전해줬다. 의뢰한 회사가 번역을 맘에 들어 한다고 했다. 뛸 듯이 기뻤다. 누군가 나의 작업을 인정한다는 사실이 커다란 성취감을 가져다주었다. 성취감을 느끼면 자연스레 열심히 한다.

당시 석사 논문을 진행하고 있었는데 스트레스가 컸다. 프랑스 미테랑 대통령의 나토 정책이 논문의 주제였다. 프랑스 핵 정책 자료를 읽어야 했는데, 대부분 프랑스어 논문이었다. 그런 중에, 어린이 도서의 문장은 마른 가뭄에 비처럼 내게 쉼을 주었다. 게다가 총천연색의 삽화 또한 즐거움의 소재였다. 그림 하나 없는 꼬부랑글씨만 보다가 아이들 책을 보면 눈이 뜨이는 느낌을 받았다.

원서가 한국어로 바뀌어서 세상에 나온다는 생각만 해도 설레었다. 3권의 번역이 끝났고, 석사 졸업식 전에 세상에 나왔다. 20년이 지난 지금도 교보문고에서 검색하면 3권의 책을 볼 수 있다.

첫 번째 번역서 출간은 부모님께도 커다란 기쁨이었다. 몇십만 원의 번역료가 중요하지 않았다. '자식이 세상에 이름을 알린 첫걸음'. 부모님께는 의미 있는 '무엇'이었다. 어릴 때부터 영어를 좋아했던 딸이 영어로 뭔가를 이루어낸 것을 보셨다. 2003년 12월, 미국 유학을 떠나기 전 부모님 손에 세 권의 책을 드렸다.

'엄마, 아빠. 나 열심히 사는 딸이야.' 책들이 말해줬다. '그리고 걱정하지 마세요. 미국 가서도 공부 열심히 할게요.' 이렇게 덧붙여주는 듯했다.

2024년, 초등학교에 입학한 첫째에게 과학책을 보여줬다. 다시 책을 보니 20대 중반의 내가 보였다.

"이 책 한번 볼래? 엄마가 번역한 과학책이야. 지금 네가 읽으면 딱 좋아."

"진짜?"

"이 책 아직도 서점에서 살 수 있어."

책을 읽더니 내게 말했다.

"엄마, 엄마 책 재밌어."

"재밌지? 엄마가 볼 때도 재밌었어."

내 아이가 재밌다고 얘기해주니 기분이 좋았다. 물론, 출간된 지 오래되어서 요즘 책보다 촌스럽다. 하지만, 엄마가 번역한 책을 아이에게 읽히는 기쁨은 상당히 크다. 도전하는 것은 의미가 있다.

적이 모르는 전쟁 선포!

김지현

예상치 못했던 일의 연속이었다. 남편의 파견 업무 일정이 갑자기 바뀌었다. 미국에 온 지 6개월 만에 돌아가야 했다. 영어 공부와 미국 생활의 낯섦을 겨우 벗고 있었다. 이대로 돌아가기엔 아쉬웠다. 딸들 영어 실력은 하루가 다르게 늘었다. 그에 반해 나는 더디기만 했다. 돌아갈 날짜는 다가오는데 기대한 만큼 영어가 늘지 않아 애가 탔다.

'지금 돌아가면 영어를 더 배울 수 있을까?'

고민하며 돌아갈지 남을지 결정해야 했다.

"여보, 여기 좀 더 있어보면 어때?"

뜻밖의 제안이었다.

남편 없이 혼자서 말도 통하지 않는 나라에 남는다는 건 용기가 필요했다. 각종 서류며 관공서, 보험 등 처리해야 할 일이 많았다. 걱정과 두려움이 앞섰다. 총기 소지가 자유로운 나라에서 험한 일이라도 생길까 겁났다. 심각하게 고민하는 나를 보며 한 지인이 말했다.

"욕심부리지 말고 여행이나 하고 남편 따라 들어가."

문득 '영어를 잘하고 싶다는 게 욕심일까?' 하는 생각이 들었다. 주변의 만류에도 더 배우고 싶은 마음이 결국 두려움을 이겨냈다.

37살, 딸 넷의 엄마이자 전업 학생이 되었다. 재미도 있었지만 버겁기도 했다. 매일 새벽에 도시락 5개를 쌌다. 등교시키고는 급하게 나도 학교에 갔다. 일주일에 서너 번, 밤늦도록 아르바이트도 했다. 퇴근 후 집안일을 하고 새벽까지 과제를 했다. 대중교통이 거의 없어 방과 후 아이들 일정도 일일이 챙기며 돌봐야 했다. 식당 유니폼을 입은 채로 뛰어나와 학교 행사며 바이올린, 피아노 레슨에 데려다주기도 했다. 시험은 왜 그리 빨리 돌아오는지, 잠을 줄여 영어에 매달렸다. 그렇게 열심히 살아본 적이 있었나 싶다.

하늘이 너무 예쁘던 어느 날, 갓길에 차를 세웠다. 나도 모르게 눈물이 흐르더니 어느새 통곡으로 바뀌었다. 핸들에 얼굴을 걸치고 가슴을 치며 울었다. 힘듦이 쌓이면 혼자 있을 때 가끔 눈물이 터져 나왔다. 좀처럼 늘지 않는 영어, 쫓겨 다니는 일정, 부족한 생활비, 그리고 엄마 역할을 못 하고 있다는 죄책감까지 한꺼번에 터지면 감당할 수 없는 감정에 휩싸여 혼자 울었다. '누가 시킨 것도 아닌데 나는 도대체 여기서 뭘 하는 거지?' 하는 생각에 닿으면, 스스로가 한없이 못나 보였다. 어느 것 하나도 제대로 하는 것이 없는 것 같았다.

셋째 예지가 초등학교 2학년 때 일이다. 학부모 정기 상담을 하려고 학교에 갔다. 교실에 들어서자마자 젊은 백인 여선생이 다리를 꼬고 나를 아래위로 훑어보았다. 문화 차이려니 했다. 하지만 아니었다. 곱지 않은 시선으로 나를 보며 차갑게 말했다.

"너, 영어 할 줄 알아? 내가 하는 말 알아들어?"

충분히 이해했지만 당황해서 어쩔 줄 몰랐다.

"내가 너한테 이야기할까? 너희 큰딸한테 이야기할까?"

뭐라는 건가! 그녀는 분명 나를 무시하고 있었다.

"어, 이 정도는 충분히 이해할 수 있어."

더듬거리며 받아쳤다.

"내가 우리 아이 엄마니 나에게 말해줘" 하고는 애들을 내보냈다.

영어 회화 실력은 애들이 나보다 훨씬 좋았다. 하지만 나는 내 역할을 충실히 하기로 마음먹었다. 아이를 지키는 건 엄마인 내 몫이니까.

예지는 학교에서 말을 안 한다고 했다. 활동에도 적극적으로 참여하지 않는다고. 이전엔 전혀 없던 일이다. 짧은 상담이 몇 시간처럼 길게 느껴졌다. 목에 돌이 걸린 것처럼 메이고 코끝이 시큰거렸다. 외국인에 대한 배려는 찾을 수 없었다. 자기 할 말만 속사포로 멈추지 않고 쏘아댔다. 인종 차별, 무시, 모멸감이라는 총알이 가슴에 큰 상처를 내며 수도 없이 박혔다.

며칠 후에야 용기 내어 조심스럽게 아이에게 물었다.

"예지야, 혹시 학교에서 힘든 일 있었어?"

아이는 내 눈을 피하며 아무 말도 하지 않았다.

"엄마가 도와주고 싶어서 그래. 혹시 말해줄 수 있을까?"

아이를 어르고 달랬다. 한참이나 망설이다 힘겹게 말을 꺼냈다.

"선생님이 내가 말하면 자꾸 못 알아듣겠다고 화를 내서."

그래서 가만히 있기만 했다며 눈물을 글썽였다.

2학년이 된 후, 아이는 언젠가부터 머리카락을 자꾸 뽑았다. 그 이유가 여기 있었음을 그제야 깨달았다.

얼마나 힘들었을까! 가슴이 너무 아팠다. 하지만 그 자리에서 눈물을 보일 수 없었다. 영어 못한다고 무시당해도 의연한 엄마이고 싶었다. 흘러버리는 눈물을 감추려 급히 이야기를 마무리하고는 혼자서 방으로 뛰어 들어왔다. 눈물이 분수처럼 터졌다. 이런 아이를 잘 돌보지 못했다는 죄책감이 가슴을 사정없이 찔렀다. 혼자서 이불로 입을 막고 침대에 엎드려 한참 울었다. 그리고 마음먹었다. 내 아이는 내가 지키겠다고. 절대 영어에 지진 않겠다고.

'그래! 누가 이기나 한번 해보자!'

적은 까마득히 모르는 나만의 전쟁을 선포했다. 이기고 말리라

다짐하며.

예지의 마음을 회복하려고 최선을 다했다. 학교 행사에 그 누구보다 적극적으로 참여하고 도시락도 더 열심히 쌌다. 학교 숙제도 열심히 봐줬다. 기회가 되면 학교에 가서 아이와 함께 점심을 먹었다. 식당에는 부모와 점심 먹는 테이블이 있었고 언제든 자유롭게 사용할 수 있었다. 우리는 영어를 배우고 있으니 기죽을 필요 없다고 아이에게 자주 말해주었다. 사실 이 말은 아이보다 내게 더 필요했다.

'난 절대 포기 안 해. 네가 영어 못한다고 무시해도 난 내 아이 지킬 거야!'

일부러 먼저 인사했다. 몸으로 보여주었다. 내가 지켜보고 있다고. 영어 공부도 더 열심히 했다. 학년이 끝날 때, 학기별 시상식에서 예지가 모범상 메달을 목에 걸었다. 시상자는 담임이 정했다. 아이가 극복한 것이다. 그날, 예지와 교사는 함께 웃으며 사진을 찍었다. 그리고 나는 나 스스로 칭찬했다.

'잘 버텼어. 포기하지 않고 네 자리를 참 잘 지켰어.'

아이의 머리 뽑기는 슬그머니 사라졌다. 새로 난 머리카락이 수북하게 삐져나왔다. 좀 지나니 다시 풍성한 머리로 돌아왔다. 딸의 머리를 매만지며 마음속으로 승전보를 외쳤다.

새로운 언어 배우기는 절대 쉽지 않다. 언어는 또 다른 세상을 여는 열쇠와 같다. 누구나 처음은 있다. 서툴 땐 무시당하기도 하고 어려움도 겪는다. 노력한 것만큼 성적이 나오지 않거나 실력 발휘가 되지 않아 좌절도 한다. 노력이 보람 없게 느껴지더라도 멈추면 안 된다. 가장 가치 있는 열쇠를 가지는 여정이니까.

영어는 새로운 세상을 열어주는 마스터키였다. 자유로운 영어 구사는 예상 밖의 풍부한 정보를 안겨주었다. 적극적으로 나를 세워주고, 많은 사람과 소통하게 했다. 좀 더 나은 나를 이루어가게 했다.

영어를 배우는 모든 이에게 전하고 싶다. 영어가 얼마나 큰 도구인지, 그리고 우리가 얼마나 용기 있는 사람인지.

스피King 할래 2부
나는야, 인간 두더지

김위아

네이버 검색창에 '영어 회화'를 입력했다. 녹음 과제가 어마무시하기로 소문난 홍대 'B 영어'가 눈에 들어왔다. 영어를 습관으로 만들어준다는 캐치프레이즈가 마음에 들었다. 3개월 과정이었고 재수강을 받지 않았다. 수강 기회는 한 번뿐이었다. 입과 귀를 여는 마지막 기회라 생각하고 학원 업무 외에 1순위로 뒀다.

2016년 1월부터 3월까지 왕복 세 시간 거리를 오갔다. 월 10회 출석, 1회에 세 시간이었다. 오전 10시부터 1시까지 배우고, 2시에 출근해서 자정 무렵 퇴근했다. 평일에는 7시간, 토요일과 일요일에는 각각 15시간씩 회화와 문법 과제를 했다. 잠자고, 먹고, 씻고, 화장실 가는 시간을 제외하곤 과제에 몰입했다. 잠 줄이고, 자투리 시간 긁어모으고, 이동 시간 활용하니 평일 하루에도 자그마치 7시간을 공부할 수 있었다. 그동안 무의미하게 흘려보낸 시간이 많았구나. 영어 공부가 목적이었지만 두 가지 큰 성과를 얻었다. 틈새 시간을 찾아낸 것과, 뭐든 하고자 한다면 없던 시간도 만들어진다는 것.

　모든 과정을 마치고 카페 게시판에 인사를 남겼는데, 튜터가 댓글을 남겼다. 내가 보여준 열정과 진심을 잊지 않을 것이고 우리 학생이 되어줘서 고맙다는 내용이었다.

　높기만 했던 스피킹의 벽이 조금은 만만해졌다. 말을 잘하고 싶으면 손짓, 발짓과 성대모사까지 하면서 온몸을 던져 연습해야 한다는 걸 경험으로 깨우쳤다. 발음과 억양이 자연스러워질 때까지 턱이 얼얼할 정도로 따라 말했다.

　밥 시간을 아끼려고 김밥을 미리 싸놓고, 달걀을 20개씩 삶아놓고, 머리 감고 화장실 가는 시간도 아꼈다. 금요일에 퇴근해서 일요일 자정까지 녹음만 했다. 두더지처럼 방 안에만 있었다. 나태해질 때마다 스마트폰에 저장된 그 무렵 사진을 들춰본다. 떡 진 머리를 한 채, 내가 웃고 있다. 카리스마로 무장한 학원 CEO는 보이질 않는다. 그저 땅속 두더지가 친구 하자고 할 법한 몰골이다. 그런데 사진 속 김위아는 행복해 보였다. 스피킹과 한바탕 전쟁을 치르고 스피King이 된 모습이랄까. 이젠, 엘리베이터 안에서 외국인을 봐도 고개 돌리지 않는다. 이젠, 자막 없이 미드 즐기는 이모다. 조카 바보의 멋진 최후다!

영어 학습에서 동기와 습관, 두 지렛대는 필수이다. 내적 동기가 확실하면 목표에 닿을 가능성이 크다. 무엇을 이루고 싶은지, 왜 해야 하는지를 알면 목적지가 정확하니 샛길로 빠질 염려도 없다. 동기를 발판 삼아 행동으로 옮기고, 반복하면 습관으로 자리 잡는다. 단, 습관이 저절로 생기진 않는다. 입이 찢어질 듯 녹음 훈련을 해서 내 것이 되었다.

이후에도 산책할 때 '맘마미아'의 모든 주제곡을 따라 불렀고, 미드 '오피스(The Office)' 대본 읽기 스터디에 참여했고, 주말엔 온종일 CNN을 틀어놓았다. 동기는 시작을 도와주고, 습관은 지속을 책임진다. 열고 싶은 영어 문이 있다면, 열쇠 두 개를 활용하라.

P.S.

2024년, 준서는 중1이 되었다. 이모가 스피King이 된 것에는 전혀 관심이 없다. 수행 평가를 앞두고 카톡에 불이 난다. "이모, 이거 어떻게 영작해? 이게 왜 틀렸어? 감으론 알겠는데 설명을 못 하겠어!"

영어가 맺어준
인연

배려 없는 배려

주소연

   우리는 남을 위해 어떤 행동을 하거나, 하지 않는다. 상대가 요청해서, 혹은 지레짐작으로 움직이기도 한다. 무엇이 됐든 따뜻한 마음이 바탕이다. 하지만 배려하지 않는 게 배려일 때가 있다.

   교생실습 중 수업 참관하러 들어간 반에 휠체어를 탄 학생이 있었다. 고개가 옆으로 기울어졌고, 손에는 힘이 없는지 연필 한 번 쥐지 않았다. 필기하느라 자세를 낮춘 친구들 사이에 머리가 삐죽 나왔다. 며칠 후 수업할 반이었다. 교실 전체를 훑다가도 자꾸 눈이 갔다.

   거동만 불편한 줄 알았다. 쉬는 시간에 친구와 얘기하는 걸 보니 말도 잘 못했다. 한마디를 내뱉기까지 한참 애를 썼다. 그나마 띄엄띄엄 나오는 말도 발음이 어눌했다. 담임 교사가 따로 당부하진 않았지만, 교생들은 으레 그에게 발표시키지 않았다.

'말이 느리긴 해도 못 하는 건 아닌데 괜찮지 않나?'

발표자로 미리 점찍었다. 그 아이 목소리가 교실에 울려 퍼지는 걸 듣고 싶었다.

교과서 지문 주제가 지구온난화였다. 내가 전반적인 내용을 설명하고, 학생들은 관련 질문에 모둠별로 발표해야 했다. 처음부터 누가 발표할지 공개하지 않았다. 모두가 답안 작성에 참여하고, 그다음에 내가 발표자를 선택하기로 했다. 잠시 후, 다들 준비를 마쳤다.

"자, 각 조에서 4번 자리에 앉은 학생이 발표하자."

그 학생, 보성이 자리가 4번이었다. 슬쩍 바라보니, 조원 모두 당황한 모습이었다. 발표지를 앞에 둔 당사자 표정도 다르지 않았다. 모른 척했다.

박수와 함께 4조 발표가 끝났다. 다음 차례였다. 짝꿍이 보성이 대신 발표지를 들어 올리며 시작됐다. 조용한 분위기 속에서 모두의 시선이 한쪽을 향했다. 자리에서 일어나지 않는 유일한 발표자였다. 보성이는 천천히 입을 열었다. 발음이 또렷하지 않았지만, 단어 하나하나에 힘을 주어 말했다. 지켜보는 내 손에 힘이 들어갔다. 키득대던 학생들도 집중해 듣고 있었다. 작은 부스럭거림도 없었다. 보성이가 숨을 깊이 들이쉬는 소리가 들릴 정도였다. 느릿하게, 그러나 멈추지 않고 이어갔다. 교실 안에는 묘한 긴장과 동시에 뿌듯한 기운이 흘렀다.

발표가 끝났다. 모두가 기다렸다는 듯이 큰 박수를 보냈다. 뒤에서 참관하던 교사와 교생들도 함께였다. 보성이는 쑥스러운 듯 미소 지었다. '역시, 하면 할 수 있을 줄 알았어.' 달려가 등이라도 두드려주고 싶었다.

교실을 나서던 참이었다. 보성이 짝꿍이 불러세웠다.
"선생님, 보성이가 드릴 말씀 있대요."
무슨 일인가 싶어 자리로 갔다.
"보성아, 선생님 불렀다며. 왜?"
영어로 진행한 수업이었다. 쉬는 시간이라 우리말로 물었는데, 대답은 영어로 돌아왔다.
"Thank you. You were so kind to me."
주변이 와글와글하는데도 분명하게 들렸다.
"고맙긴. 너도 그냥 똑같이 발표시킨 건데 뭘."
감사 인사를 듣고자 한 행동이 아니었다. 어깨를 토닥여주곤 서둘러 교실을 나왔다.

마지막 교시가 끝나고 교무회의실로 갔다. 수업 피드백을 들을 시간이었다. 교사 몇 명을 비롯해 전체 교생이 모였다.
"오늘은 저도 소연 선생님께 배웠어요. 그동안 배려한다고 한 건데, 아이들 반응을 보니 잘못 생각했나 봐요."

담당 교사가 말했다. 다른 이들도 끄덕였다. "진짜 좋았어요." 회의실을 나서는데 슬쩍 다가와 엄지를 치켜든 교생도 있었다.

이후로 같은 반에서 몇 번 더 수업했다. 보성이를 또 발표시키진 않았다. 다른 학생에게도 기회를 줄 차례였다. 보성이에게 들었던 말은 따뜻함으로, 그리고 자부심으로 남았다.

누구에게나 무대는 마련되어야 한다. 처음부터 열외가 되어도 괜찮은 사람은 없다. 신체장애뿐만이 아니다. 다양한 이유로 학습에 어려움을 겪는 학생을 만난다.

교습소에서 매달 학습 이벤트를 연다. 영어를 어려워하는 학생은 불참하기 일쑤다. 학부모도 아이 자존심이 다칠까 봐 등을 떠밀지 않는다. 잘하는 아이는 도전을 통해 성취감을 얻고, 못하는 아이는 한 발짝 뒤로 빠지는 상황이 반복된다.

개별 맞춤 도전 과제를 주기 시작했다. 자기 주도식 수업이라 아이마다 배우는 교재가 다르다. 최근에 잘 소화한 교재 중 하나를 골라, 그 안의 문장을 통째로 외우게 한다. 당일에는 우리말 뜻만 주고, 즉석에서 영어로 바꿔 말하는 식이다.

단어도 일률적으로 진행하지 않는다. 100개, 200개, 300개 등 참여 부문을 나눈다. 무엇에 도전할지는 본인 선택에 맡긴다. 참여만 해도 '명예의 전당'에 오르고, 간식 선물은 덤이다. "정규 수업이 아닙니다. 참여 여부는 전적으로 아이에게 맡겨주세요." 학부모에게 부탁한다. 강요해서는 안 된다. 해볼 만한 과제를 쥐여주는 게 다다. 넉 달에 한 번은 '의무 참여'를 내건다. 보성이처럼 예상치 못한 기쁨을 누릴 학생을 위해서다. 도전 기회를 사전에 차단하지 않는 게 중요하다. 모두에게 성공을 경험할 길을 열어준다. 이야말로 작은 배려이자 교육이라고 믿는다.

'박쥐의 딸'을 만나다

양진아

2007년, 어린이 도서 번역을 의뢰했던 번역 회사가 연락을 했다. 그리스 출신의 세계적인 여가수 나나 무스꾸리의 자서전을 번역하는데, 프랑스어도 번역할 수 있는 번역가를 원했다. 나의 답은 "네, 할 수 있어요"였다. 이 가수가 2008년에 한국에 와서 고별 투어 공연을 할 예정이라 그때 맞춰서 출간하려고 서두른다는 설명을 들었다.

나나 무스꾸리의 이름은 어릴 때부터 알고 있었다. 라디오와 TV에서 이미 만났던 터라, 오히려 반가웠다. 그녀의 목소리가 귓가에 맴돌았다.

나나 무스꾸리 자서전에는 「박쥐의 딸」이라는 부제가 붙어 있다. 영화 극장의 기사였던 그녀의 아버지 별명이 '박쥐'였는데, 귀가 유난히 뾰족했던 데다가 밤마다 노름판을 전전했기 때문이다. 1934년 그리스에서 태어난 그녀는 16세에 아테네 음악학교에 진학해서 성악가를 꿈꿨으나, 가난 때문에 학업을 계속할 수 없었다. 돈을 벌기 위해 대중음악을 선택했고, 결국엔 클래식, 재즈, 샹송, 팝, 종교 음악 등 장르를 뛰어넘는 가수가 되었다. 총 4억 장 이상의 음반이 판매되었고, 골든디스크 300회 수상 기록은 전무후무하다.

나나 무스꾸리는 독특한 외모로도 유명하다. 검은 뿔테와 긴 생머리, 그리고 흰 드레스. 검은 뿔테를 쓰고 드레스를 입는 것은 매우 드문 일이었다. 그녀의 목소리는 귀에 선명하게 박힐 정도로 맑고 청아하다. 성악 전공자여서 그런지, 특유의 비브라토가 공명을 타고 기억 속에 오래 여운을 남긴다.

그녀는 '오버 앤 오버(Over and over)', '온리 러브(Only love)', '사랑의 기쁨(Plaisir d'amour)' 등 수많은 히트곡을 불렀다.

원하는 클래식을 포기하고, 가난을 극복하려고 선택했던 대중음악이 오히려 그녀에게 부와 명성을 가져다주었다. 나중에 그녀는 클래식 성악곡만으로 된 음반을 냈다. 그녀의 기분이 어땠을까? 그 음반을 들어보니, 오랜 시간 동안 마음속에 품었던 클래식 음악에 대한 아련한 사랑이 느껴졌다. 어린 시절, 성악가가 되고 싶었지만 접었던 나의 이야기를 만나는 것 같았다.

그녀는 가수 활동 이외에도 고국 그리스를 위해 활동하기도 했다. 1994년부터 1999년까지 유럽연합 의회에서 그리스를 대표했다. 음악가 외에도, 정치가로서도 활약을 한 그녀의 삶은 마치 다양한 색깔 퍼즐 조각들이 맞춰진 것 같았다.

글로 만난 그녀와 세계를 여행했다. 프랑스, 미국, 독일, 영국, 호주, 그리고 아시아 국가들까지 그녀가 밟았던 땅을 같이 밟았다. 그녀의 50년을 한국어로 바꾸면서 내가 알지 못했던 세계가 눈앞에 펼쳐졌다. 음악가가 되어 세계 무대에 서고 싶던 나는 그 길을 가지 못했다. 대신 무스꾸리의 인생을 통해서 걸었다. 지금 생각해보니, 나나 무스꾸리를 글로 만난 것은 우연이 아니었다. 인연이었다. 그것도 특별한.

얼마 전, 책장에 꽂힌 나나 무스꾸리 자서전을 둘째에게 보여줬다.

"엄마가 번역한 책이야. 저기 '양진아 번역'이라고 써 있지?"

"어, 진짜? 와. 엄마!"

아이들에게 엄마의 열정을 보여주는 소재가 되었다. 그것도 기뻤다. 나의 포트폴리오 한 장이 더 채워졌다.

Anything else?

김지현

"엄마 영어가 부끄러우면 눈치껏 저 뒤에 가 있어. 알았지?"

미국에 살 때 애들에게 가끔 부탁했다. 지금 생각하니 우습다. 누가 봐도 나와 닮았다. 동양인 얼굴을 비슷하게 인식하는 서양인에겐 더 닮아 보였으리라. 물러나 있으면 엄마 영어가 부끄럽다고 여기는 것이니 애들도 난감했겠다.

미국에 막 왔을 때, 종종 듣던 말이 있었다.

"곧 애들이 통역해줄 날이 올 거야."

아이들 영어가 빨리 늘어 의사소통 힘든 엄마를 도울 거라는 위로였다. 하지만 이 말은 경고로 들렸다. 내 영어가 더 중요했다. 아니, 더 급했다. 딸들이야 어리니 앞으로 배우면 되지만 내겐 시간이 없었다. 기회를 잡아야 했다.

'더디게 늘어도, 답답해도 포기하지 않을 거야.'

사실 물러나 있으란 부탁은 실수를 이겨내려는 결심이었다.

영어 실수담 이야기가 나오면 단골로 불려 나오는 말이 있다.

"Anything else?"

이 말은 내 실수 버튼이었다. 영어를 배우며 나도 모르게 나오는 치명적인 실수가 있었다. 영어가 이해되지 않을 때, 습관적으로 "Yes"라고 답하는 것이다. 그러면 안 된다는 걸 알면서도 고쳐지지 않았다. 버거운 상황을 끝내고 싶은 무의식적인 반응이 아니었을까?

우리가 살던 곳은 테네시주의 작은 도시, 클락스빌이었다. 켄터키주 경계에 있어 꽤 한적한 시골 도시였지만 지금은 많은 한국 기업이 진출해 있다. 미국에서 성장 속도로 다섯 손가락 안에 드는 독특한 곳이다. 우유 한 병 사려고 운전해야 하는 건 마찬가지였지만, 우리는 비교적 번화가에 살고 있었다. 15분 거리에 편의시설이 있었다. 조금만 벗어나도 온 땅에 별이 떨어진 듯, 반딧불이가 끝도 없이 반짝였다. 아름다운 추억이 가득한 곳이다.

집 바로 앞, 패스트푸드점인 웬디스에는 평일 오후 4시부터 어린이 메뉴 세트가 1.99달러였다. 꽤 저렴했다. 식사 준비 시간에 쫓기거나 가볍게 먹고 싶을 때, 큰 도움이자 즐거움이었다. 시간이 되면 매장에서, 일정이 있을 땐 차에서 주문했다.

웬디스 직원은 영어가 맺어준 인연이자, 가장 기억에 남는 영어 선생님이다. 그 직원들은 모르겠지만.

갈 때마다 바뀌는 직원 덕분에 덩달아 바뀌는 발음은 큰 공부였다. 흑인 특유의 리드미컬하고 흐르는 듯한 발음은 늘 나를 더 긴장시켰다. 그들은 사무적으로 주문을 받았지만 모두 다른 발음과 스타일이 있었다. 어디서 같은 말을 이렇게 다양하게 들을 수 있을까? 수업 때 정제된 표현만 하는 것과는 달랐다. 일부러 일주일에 한두 번은 꼭 들렀다. 매장에서 주문할 때면 이름표를 유심히 봤다. 직원들 이름과 얼굴, 그리고 발음 특징을 살폈다. 그래도 대면 주문은 훨씬 낫다. 차에서 스피커 소리에만 의지해 주문할 때는 같은 주문을 여러 번 말하곤 했다. 나의 실수 버튼이 매번 눌렸다.

애들에게 원하는 메뉴를 물어보고는 중얼거리며 열심히 주문을 연습한다.

드디어 내 차례다.

"후…."

긴장을 심호흡으로 달랬다.

"May I take your order?"

메뉴가 그려진 스피커 앞에서 직원의 목소리가 들렸다.

차창을 내린 뒤 목을 쭉 빼고 말한다.

"어린이 메뉴로 치킨랩 4세트에 음료는 모두 레모네이드로 바꿔

주세요. 단품으로 치즈버거 하나 추가할게요."

'좋아. 오늘은 매끄러웠어!'

슬그머니 어깨가 펴지고 만족스러운 미소가 걸렸다. 그 순간, "Anything else?" 더 필요한 건 없냐고 묻는데 나도 모르게 "Yes" 라는 말이 툭 튀어나와버렸다. 이유 모를 정적이 흘렀다. 직원이 추가 주문을 기다린 것이다.

그제야 당황해서 급하게 다시 대답했다.

"Oh, no no. I'm so sorry. That's all. Thank you."

같은 실수를 종종 반복했다. 가끔은 성공도 했지만, 긴장을 풀어버리면 어김없이 실수했다. 영어 자존감을 떨어뜨리는 마법의 문장이었다. 아무리 직원 이름을 외우고 발음을 연구해도 효과가 없었다. 특히 예상치 못했던 질문엔 쉽게 무너졌다. 나중엔 콤플렉스가 생길 정도였으니.

긴장은 나만 하는 게 아니었다.

'No, no라고 하세요. 이번엔 꼭!'

나중에 안 사실이지만 내가 주문할 때마다 뒷자리에서 마음으로 외쳤단다.

'이번엔 no 하시겠지? 하실 거야!'

기대했다가 같은 실수를 반복하는 모습을 보며 딸들은 무슨 생각을 했을지 궁금하다.

실수가 줄긴 했지만 긴장하는 건 변함이 없었다.

나만의 선생님, 웬디스 직원들 흉내를 내며 수업 중에 학생에게 형용사 any를 가르친다. 상황극을 하면 학생은 깔깔대며 웃는다. 웃음 속에 자연스레 기억한다.

"Anything else?"

있으면 Yes, 없으면 No라고.

리사와 로건, 그레이스는 잘 있을까? 이젠 모습이 또렷하지 않은 그들을 생각한다.

그리고 다시 한번,

"Anything else?"

뭐니 뭐니 해도

"어제 교보문고 갔다가 선생님이랑 공부한 책을 봤어요."

20년 전 제자 창민이가 『This is Grammar』 사진을 보내왔다.

"쌤~ 토익 점수가 신발 사이즈예요. 어떻게 공부할지 막막해요."

대학 졸업을 앞두고 취업 고민이 많은 현지가 SOS를 쳤다.

"편입 영어 공부하다 원장 쌤 생각이 났어요."

군대 제대하고 편입 시험 준비하는 승호였다. 나만큼 학생 아끼는 선생님이 없었다며 애교 섞인 말도 곁들였다.

영어 성적이 오르고, 영어를 싫어하던 아이가 좋아하게 되고, 그만둔 학생에게 연락이 오고, 성인이 된 제자가 내가 보고 싶다고 할 때, 학원 할 맛 난다.

"학원 힘들다던데… 어떻게 25년이나 하셨어요? 극성스러운 학부모, 말 안 듣는 학생, 내 맘 같지 않은 강사들… 생각만 해도 골치 아프네요."

x

누구는 학원업이 3D 직종이라 말하지만, 내게는 말 그대로 하늘이 준 천직이다. 적성에 맞아서 오래 운영하는 것도 있지만, 슬프고 화나는 일보다 기쁘고 즐거운 일이 많았다. 그러니 스물하고도 다섯 해를 이어왔고, 앞으로도 학원가에 있을 것이다.

어린이날이나 크리스마스 때 영화 '빌리 엘리어트'를 봤다. 탄광촌에 사는 11세 빌리가 영국 최고의 발레리노가 되는 과정을 그렸다. 학생, 학부모, 선생님이 등장하는 영화라서 애착이 갔다. 발레라는 소재를 영어에 대입해서 봤다. 빌리처럼 재능이 많았지만 가정 형편이 어려웠던 학생들이 맴돌았다.

"저 임용고시 합격했어요. 원장 선생님 보며 저도 영어 선생님이 되고 싶었어요."

중3까지 다녔던 정민이에게서 연락이 왔다. 고등학교까지 간간이 소식을 주고받다가 연락이 끊어졌다.

'빌리 엘리어트'를 보면서 '이 녀석 잘 지내고 있나?' 생각했는데 텔레파시가 통했던 걸까. 정민이는 중1 때 우리 학원에 왔다. 그전까지 가정 형편이 어려워 어떤 학원도 다녀본 적이 없었다.

학원에는 정민이와 같은 반 친구 은희가 먼저 다니고 있었다. 둘 다 성실하고 머리 좋고 성품도 고왔다. 다른 건, 가정환경이었다. 정민이는 물려받은 옷만 입었고, 집에서 머리카락을 잘랐다. 외식도 여행도 하지 않았다. 집에서 영화 보고 도서관에 가는 게 문화생활의 전부였다. 은희는 해외여행이 일상이었다. 방문한 나라가 이십여 개국에 달했다. 방학이면 호주와 뉴질랜드로 어학연수를 떠났다. 한 번 다녀오면 소용없다며 방학 때마다 갔다. 부모와 관계도 좋았고 아버지도 은희의 공부에 적극적으로 관심을 가졌다.

정민이와 은희처럼 타고난 역량은 비슷하지만, 가정환경이 다른 제자들을 만난다. 빌리는 본인의 노력, 가족의 희생, 선생님의 적극적인 지지가 있어 성공했다. 어느 하나만 없었어도 빌리의 꿈은 그냥 꿈으로만 남았을 것이다. 현실 속 빌리를 위해 내가 할 수 있는 일은 무엇일까. 윌킨스 선생님이 원석이었던 빌리를 보석으로 만들었던 것처럼, 내 제자들의 재능을 발견하고 지지해주는 일일 것이다.

"임용고시 합격 소식 듣고, 선생님께 제일 먼저 연락드리고 싶었어요. 애슐리랑 자연별곡에 데리고 가주시고, 책이랑 장학금 주셔서 고맙습니다."

학생이 안부 인사를 할 때 빠트리지 않는 단어가 있다. 밥 그리고 장학금. 중고등학교 때 밥을 자주 굶었고, 과일은 그림의 떡이었다. 대학 입학하고 돈을 벌었지만, 마트에 가면 사과 한 개를 들었다 놨다 했다. 서른 초반에 두 가지 암에 걸린 건, 가족력도 있겠으나 성장기에 면역력이 무너졌던 것도 원인이 아닐까.

학생 간식에 유난히 신경 쓴 것도 나처럼 병에 걸리면 어쩌나 싶어서였다. 내가 걱정할 일은 아니었지만, 배고파하는 학생을 보면 안절부절못했고, 대학생 제자가 학자금 갚느라 일하는 걸 보면 마음 아팠다. 좋은 간식을 사주고, 더 많은 장학금을 주고 싶은 열망이 학원 성장의 원동력이었다.

학원 경영은 영어와 닮았다. 영어 리듬만큼이나 다채로운 성향을 가진 학부모, 학생, 강사를 만났다. 사람은 좋은 일보다 나쁜 일에 예민하게 반응한다. 교육비 잘 주는 학부모가 아홉 명이라도, 안 주는 한 명 때문에 우울해진다. 숙제 잘 해 오는 학생이 많아도 한 명이 안 해 오면 거기에 온통 신경이 쏠려 회의감이 몰려오고 슬럼프에 빠진다. 그럴 때마다 고마운 학부모, 웃음을 주고 보람을 느끼게 했던 학생을 떠올리며 극복한다. 영어로 수많은 인연을 만났지만, 뭐니 뭐니 해도 최고는 어여쁜 내 제자들이다.

"원장님은 왜 갈수록 젊어져요? 비결이 뭐예요?"
"비결요? 우리 학생이요!"

나도 모르게 복사 붙여넣기

주소연

학창 시절에 만난 영어 선생님이 열 분도 넘는다. 그중에는 타산 지석으로 삼은 선생님, 이름조차 희미한 선생님, 지금은 무얼 하고 있을지 궁금한 선생님도 있다.

A teacher affects eternity; he can never tell where his influence stops.
교사는 영원에 영향을 미친다; 그는 자기 영향력이 어디서 멈추는지 결코 알 수 없다.

19세기 미국의 역사학자이자 작가인 헨리 애덤스(Henry Adams)의 말이다. 미국 대통령 존 애덤스의 손자로, 교육과 사회에 대한 통찰을 담은 글을 남겼다. 현대 교육에 대한 비판적 시각을 담아 『헨리 애덤스의 교육(The Education of Henry Adams)』을 집필했고,

이 책으로 1919년 퓰리처상을 수상했다. 교사의 영향력이 어디에서 끝날지 알 수 없음을 지적하며, 교육이 주는 무한한 가능성을 강조했다.

그의 철학이 인상적이었다. 학생들이 몇십 년 후에도 나의 가르침을 떠올릴 수 있다는 생각이 수업에 진지하게 임하게 했다.

마흔을 바라보며 특별히 기억에 남는 선생님이 있다. 현재 교사로서의 모습은 이분의 영향이 크다.

중2 때 학원에서 금은미 선생님을 만났다. 처음 등원한 날, 선생님은 종이 울리기도 전에 교실에 들어왔다. 30대 초반은 됐을까. 하늘하늘한 분홍색 치마를 입고 바쁘게 걸었다. 하나로 묶은 구불구불한 머리가 걸음을 옮길 때마다 통통 튀었다. 교탁 뒤에 섰을 땐 상체도 다 나오지 않았다. '귀여우셔라.' 첫인상이었다.

"자, 저번에 이어서 동명사 마무리하자."

수업을 시작하고부터 분위기가 변했다. 문제 풀 때를 제외하고는 한 번도 책을 보지 않았다. 판서를 적극 활용했는데, 문법 예문이 그 자리에서 척척 나왔다. 중간중간 학생 질문에도 막힘없이 답했다. 전체 내용을 꿰뚫고 있는 모습이었다. 수업이 예술이라 눈을 뗄 수 없었다.

쉬는 시간, 선생님이 불러서 교무실로 따라갔다.

"수업 어땠어? 따라올 수 있겠어?"

책상 위에는 채점 중인 시험지가 어질러져 있었다. 교무실에서도 할 일이 많아 보였다.

"네, 열심히 하면 할 수 있을 것 같아요. 그런데 독해는 좀 어렵더라고요."

문법도 어려웠지만 반만 사실대로 말했다. 선생님은 "그래?" 하더니, 선반에서 책 한 권을 꺼냈다. 조금 쉬운 독해 문제집이었다.

"다른 학생이 쓰던 건데, 처음 몇 장만 풀고 뒤에는 깨끗하거든? 내일부터 하루에 한 장씩 풀어 올래? 쉬는 시간에 봐줄게."

끌어준다는데 마다할 이유가 없었다.

선생님은 약속을 지켰다. 매일 봐주는 게 번거로웠을 텐데 내색한 번 안 했다. 문제를 풀어 왔는지 확인하는 데서 그치지 않았다. 아무 문장이나 집어 해석도 시켰다.

"이 전치사 뜻은 어디 갔어? 대충 넘어가지 말고, 있는 그대로 다 말해줘."

맞춘 문제도 정확히 알고 푼 건지 점검했다.

"답으로 2번을 골랐네? 근거가 되는 문장이 어디 있어?"

두 달에 걸쳐 한 권을 뗐다. 해석을 꼼꼼히 하는 습관이 잡혔다. 조금이라도 두루뭉술하면 바로 지적을 받으니 당연했다. 선생님이 다음 권도 권했지만, 죄송한 마음에 마다했다.

나만 특별한 학생은 아니었다. 그래서 더 좋았다. 선생님의 눈빛, 말투, 관심은 어느 한쪽으로 쏠리지 않았다. 함께 한 2년 동안 컨디션이 안 좋아 보이는 날도 없었다. '어떻게 맨날 기분이 좋을 수 있지?' 그게 다 노력이었다는 걸 사회생활을 하면서 깨달았다. 기분이 태도가 되지 않은 어른이었다.

선생님의 가르침이 이제는 나의 가르침이 되었다. 학생을 세심하게 챙기고, 꼼꼼히 공부하도록 독려한다. 무엇보다도 365일 웃으며 맞이한다.

나 역시 알게 모르게 학생한테 흔적을 남기고 있을 것이다. 교사가 학생에게 미치는 영향은 언젠가 빛을 발한다. 이러한 믿음으로 매 순간 긍정적인 모습을 보여주기 위해 최선을 다한다. 교육은 단순한 지식 전달을 넘어, 인생에 변화를 주는 과정이라는 점을 되새긴다.

마리아와 스칼렛의 메시지

양진아

영화를 보다가 가슴이 쿵 하고 내려앉는 대사나 노래를 만날 때가 있다. 며칠을 되뇌인다. 그 후에는 늘 생각나는 것은 아니어도 어떤 계기를 만나면 영화 속 주인공과 영어 대사가 떠오른다. '사운드 오브 뮤직'의 마리아와 '바람과 함께 사라지다'의 스칼렛은 기억 저편에 자리하고 있다가 어느 날 불쑥 나를 만나러 온다.

사운드 오브 뮤직(Sound of Music)

가장 사랑하는 영화 '사운드 오브 뮤직'. 아빠와의 추억이 있어서 더 사랑한다.

얼마 전, 좋아하는 프로그램 '세계테마기행'에서 잘츠부르크를 보여줬다. 초등학교 5학년 때, 아빠가 계셨던 뮌헨으로 가서 두 달

동안 같이 지냈다. 그 당시 해외여행은 초청장이 있어야 가능했다. 스위스, 프랑스, 오스트리아, 이탈리아를 여행했다. 생각해보니 처음이자 마지막 가족 해외여행이었다. 이 영화의 배경이 잘츠부르크인데 뮌헨에서 가깝다. 버스를 타고 잘츠부르크에 갔다. 영화에서 배우들이 자전거 타고 건넜던 다리, 성, 공원 등을 돌아다녔던 기억이 났다.

오스트리아 해군 대령 출신 폰트랩 일가가 2차 대전에 겪은 실화를 바탕으로 제작되었다. 2차 대전 당시, 나치 지배를 받던 오스트리아의 폰트랩 대령이 가정교사 마리아와 7명의 아이들과 함께 망명하는 과정을 담았다.

부인과 사별한 대령은 엄격한 가정교사를 원했지만, 자유롭고 음악을 좋아하는 수녀 지망생 마리아가 가정교사로 왔다. 마리아가 아이들과 마음을 주고받는 모습을 보면서 폰트랩 대령이 마리아를 사랑하게 되고 둘은 결혼한다. 나치의 간섭이 심해지면서 망명을 결심하게 되고, 가족 노래 대회 날 폰트랩 가족은 국경을 넘는다.

I have confidence in me.

나는 자신 있어.

이 노래는 마리아가 가정교사로 들어가기 전, 마을에서 부르던 노래이다. 산속 수녀원에서 세상으로 나올 때 얼마나 떨렸을까. 7명의 아이들과 돈이 많은 해군 대령. 그에 비해 초라한 옷 가방을 든 자신. 가사도 그런 마음을 표현한다. 노래를 부르면서, 마리아는 자신에게 계속 말해준다.

"나는 자신 있어!"

그리고 대령의 저택 대문 앞에서 한숨을 크게 쉬고는 문을 열고 달려간다.

개원 준비를 할 때, 보이지 않는 미래 때문에 불안함이 몰려올 때가 있었다. 과연, 원생 모집이 잘될까? 학원을 운영하면서 자신감이 떨어질 때가 있다. 퇴원생이 생길 때 마음이 저 아래로 떨어진다. 그럴 때, 내가 무너지면 안 된다. 특히, 전학 가는 경우는 내 영역 밖의 일이다. 학생을 위해 최선을 다한 것을 학부모가 알아줄 때 큰 힘이 된다.

"원장님, 정수가 이제 영어를 제대로 공부하는데 저도 너무 아쉬워요. 이전 학원에서는 아이가 그냥 다닌 거였어요. 원장님과 공부하니까 다르더라구요. 정수에게 자신감이 생겼어요."

이런 피드백을 들으면 다시 마음이 세워지고 힘이 난다. 우리 미래는 누구도 알 수 없다. 인생이 힘들지만, 알 수 없기 때문에 밝은 미래를 기대할 수 있다. 미지의 미래 앞에 서서 그 문을 두드려

본다. 문을 열고 들어가면 그것이 현재가 되고 과거가 된다. 하루 하루가 모여 역사가 된다. 불안하다고 외면하지 않는다. 외면하면 발전하지 못한다. 도전하지 않으면 후회할 수 있다. 움직이지 않으면, 어떤 결과도 나오지 않는다.

I am seeking the courage I lack

The courage to serve them with reliance

Face my mistakes without defiance

Show them I'm worthy

내게 부족한 용기를 찾아가고 있어

안심하고 그들을 섬길 용기

저항하지 않고 내 실수를 마주하고

그들에게 내가 가치 있는 사람임을 보일 거야

바람과 함께 사라지다(Gone with the wind)

고1 때, 영화 '바람과 함께 사라지다'에 푹 빠졌다. 미국 남북전쟁이 배경인 장편소설로, 미국의 여류 소설가 마거릿 미첼의 작품이다. 영문학자 故 장영희 선생님이 속편 두 권을 출간했을 때 얼른 사서 읽었다. 대농장주의 딸이 남북전쟁을 겪으면서 어른으로 성숙해지는 과정을 담았다.

미국 남부의 부잣집 딸 스칼렛은 수줍음이 많은 애슐리를 짝사랑했다. 레트 버틀러는 장난기 많은 남자처럼 보이지만 아주 현실적이고 날카로운 눈을 가진 사업가였다. 남북전쟁을 겪으면서 가족을 책임져야 했던 스칼렛은 소녀에서 여자로 성장했다. 레트와 스칼렛은 오랜 시간 지속되었던 애증의 관계를 떠나 부부가 되었다. 첫딸을 낙마 사고로 잃은 후 레트는 실의에 빠졌다. 두 사람 사이에 생명이 다시 찾아왔지만, 그들의 마음은 서로 닿지 못했다. 결국 레트는 스칼렛을 떠났다. 그가 떠나는 모습 뒤로 안개가 피어올랐다. 그것을 보며 그녀가 중얼거렸다. '내일은 또 다른 날이니까.'

Tomorrow is another day.

내일은 또 다른 날이야.

인생은 고통과 기쁨의 합주다. 힘든 시간이 왔더라도 그 속에서 기쁨을 느끼기도 한다. 괴로운 시간을 겪지 않은 사람은 없다. 도망치고 싶은 시간을 견뎌내는 방법은 사람마다 다르다. 내 인생에서 구불구불한 언덕을 오를 때, 내리막길이 어디인지도 알 수 없고 어둠의 터널이 끝나지 않을 것처럼 보일 때, 나 자신에게 해줬던 말이다.

'내일은 다를 수 있어.'

  그렇게 지금까지 왔다. 어느 누구의 인생이라고 즐거운 날만 있을까?

  인생은 희로애락의 모음집이다. 길고 깜깜한 터널 속에 갇힌 듯한 날이 생각보다 오래 지속될 수 있다. 언제 이 어둠이 끝날지 우리는 알 수 없다. 하루하루 살아가다 보면 터널의 끝에 와 있는 자신을 보게 될 것이다. 오늘은 어둠 속에 있지만, 아직 살아보지 않은 내일이 오면 빛의 시작을 볼 수도 있다. 살아보지 않은 내일은 새로운 날이다.

우물 밖 개구리

김지현

처음 미국에 갔을 때, 윗집에는 자녀가 7명이나 되는 가족이 살고 있었다. 원래 집은 뉴욕주인데 아빠 일로 잠깐 왔다고 했다. 애들이 함께 노는 동안 자연스레 친구가 되었다. 멀찍이 떨어져 쭈뼛거리는 내게 먼저 다가왔다. 친환경 요리 강사였던 엄마 르네는 우리 가족을 초대했다. 나도 불고기와 김치를 선물했다. 기타를 멋지게 치던 셋째 딸 페이지는 22살이었다. 뉴욕주에 있는 자기 집에 꼭 놀러 오라고 했다. 페이지의 아빠는 다른 곳으로 이사하는 우리를 보고 깜짝 놀랐다.

"킴! 너 지금 이사 가는 거야? 페이지는 알고 있어?" 놀라던 그 모습이 여전히 나를 미소 짓게 한다.

지금 페이지는 예쁜 아이의 엄마가 되었다. 초대에 응하진 못했지만, 여전히 예쁜 추억으로 남아 있다.

이사 후, 이웃집엔 이집트인 가족이 살고 있었다. 애들끼리 나이가 비슷했다. 스쿨버스를 함께 태우다 자연스레 인사를 나누게 되었다.

"Hi, Dina!"

언제나 히잡을 단단히 여민 모습이었다.

"Hi, Kim."

반갑게 인사를 나눴다.

나에겐 생소했던 모슬렘 가족이었다. 아랍어 억양이 그대로 살아 있는 영어를 듣고 이집트 이민자인 줄 알았다. 하지만 그녀의 고향은 맨해튼이라 했다. 형편이 넉넉지 않았던 우리 둘은 쉽게 친해졌다. 생전 처음 먹어보는 아랍 요리를 많이 경험했다. 지금도 성글게 간 찹쌀가루를 구워 시럽에 푹 적신 바스부사와 라이스 푸딩이 생각난다. 유난히 지칠 때 디나와의 대화는 디저트만큼이나 달콤했다. 궁금했지만 물어볼 수 없었던 것들도 스스럼없이 물어봤다.

"모슬렘은 아내를 여럿 둘 수 있잖아? 난 TV에서만 봐서 너무 신기했어."

엉뚱한 질문에 디나는 친척이나 이집트에서 봤던 이들을 예로 들며 친절하게 설명했다.

"그럼 만약에 모하메드가 부인 하나 더 들인다면 어떨 것 같아?"

물론 미국에선 불가능하다. 남편인 모하메드는 그럴 리 없다. 디나에게 늘 다정했다.

"I will kill him."

큰 눈이 튀어나올 듯 커지며 이를 꽉 깨물고 말했다.

그렇다. 인간의 감정은 그야말로 'human being'이다. 인종과 종교를 넘어 모두 같다. 디나를 통해 참 많은 것들을 배웠다. 모슬렘에 대해 무섭고 부정적이던 선입견도 옅어졌다.

다양한 국가 사람을 만났다. 사우디아라비아, 콜롬비아, 베네수엘라, 일본, 중국, 대만, 이탈리아, 파나마, 그리고 러시아 등 각국의 사람과 어울릴 기회를 얻었다. 그 경험은 나를 더 풍성하고 넓어지게 했다.

학기가 끝나면 시험과 동시에 'Pot Luck(포트 럭)' 파티를 했다. 다양한 음식으로 행복했다. 나는 수료증과 상장을 많이 받는 학생 중하나였다. 그럴 수밖에. 얼마짜리 수업인데! 힘들게 학비를 냈으니, 개근상이라도 받아 가야 했다. 열이 펄펄 끓어도 교실에 앉아 있다가 병원으로 쫓겨나기도 했다. 영어는 부족했지만, 새로운 경험은 늘 즐거웠다. 우물 안의 개구리가 세상 밖으로 나온 것이다.

영어! 아직 내 영어가 만족스럽지 않다. 여전히 다가가고 있다. 나에게 영어와 더욱 친하도록 기꺼이 영어를 가르쳐준 귀한 친구들을 생각한다. 지금 내가 이렇게 글을 쓸 수 있는 것도 모두 그들 덕분이다. 꼭 다시 만나 더 유창해진 영어 실력으로 꼭 말해주고 싶다.

'Thank you so much for teaching me English and being with me.'

오늘도 묵묵하게, 언제가 될지 모르는 그날을 기대하며.

생쥐와 인간에 대하여

김위아

학원 교재를 내가 만든다. 사심 가득한 예문을 끼워 넣는다. 졸업생 영어 이름이나 생일을 문장 곳곳에 배치하고, 외국 작가가 남긴 명언과 작품 속 문장, 책 제목을 활용한다.

존 스타인벡(John Steinbeck)은 가장 좋아하는 작가다. 그의 작품은 제목이 쉽다. 『생쥐와 인간(Of Mice and Men)』, 『빨강 조랑말(The Red Pony)』, 『진주(The Pearl)』 그리고 『분노의 포도(The Grapes of Wrath)』. wrath(분노)를 제외하곤 알파벳과 파닉스 교재에 나오는 단어다. 한번 배운 단어는 어디에서 봐도 읽을 수 있게 원서 제목 읽기 연습을 파닉스 단계에서 병행한다. 특히, 초등학교 5~6학년인데 파닉스 모르는 학생들 자존심 살려주기에 제격이다.

우리 학생들은 문법 기초가 탄탄하고 배경지식이 풍부하기로 입소문 났다. 예문 하나를 고르더라도 깐깐히 따지고, 제대로 가르친다. 초등학생도 알 법한 단어지만, 문법적으로 건질 표현이 많은 문장을 선호한다. 흥미 있고 유익한 내용이 있으면 금상첨화다. 존 스타인벡의 명언에서 제일 잘 써먹는 문장이다. 아이디어를 번식력 뛰어난 토끼에 비유했다. 농장에서 일한 경험 때문인지 작품에도 동물이 종종 등장한다.

Ideas are like rabbits. You get a couple and learn how to handle them, and pretty soon you have a dozen.

아이디어란 토끼와 같다. 토끼 한 쌍을 얻어서 돌보는 법을 배우면 곧 열두 마리로 늘어난다.

문법책 한 권을 끝내도 뭘 배웠는지 모르는 아이도 있지만, 우리 학생은 하나를 배워도 아이디어와 지식을 자유자재로 활용한다. 번식력이 좋은 토끼처럼 응용력이 번식한다. 전치사, 부사, To부정사, 대명사, 수사, 접속사를 문장 한 개로 복습한다.

like는 전치사로 '-처럼', '-와 비슷한'이라는 뜻도 있어.
pretty를 '예쁘다'로 해석하니까 이상하지? '꽤'라고도 쓰여. 이럴 땐 '부사'야.
Learn how to 동사원형 기억나지? 여기도 나왔네? 이거 봐. 배운 건 다 쓸모 있잖아!

왜 them을 썼을까? 빙고! 앞에 a couple이 있어서. 얘는 단수와 복수형으로 모두 사용할 수 있어.

dozen은 숫자 몇이게?

진도 나갈 땐 나가지만, 때론 문장 하나로 한 시간을 알차게 채운다. 초등학생에겐 토끼의 습성을 알려주고, 고등학생에겐 존 스타인벡과 그의 작품을 알려준다. 같은 문장이라도 눈높이에 맞게 꺼내 쓴다. 영단어는 잊어버려도 스토리는 오래 간직한다.

초등 때부터 쌓은 상식은 고등학생이 되어 진가를 발휘한다. 나의 큰 그림이다. 자녀 공부에 관심 많은 상위권 학생 학부모는 내 의도를 일찌감치 알아보고 우리 학원으로 몰려든다. 어떤 공부가 생명력이 긴지 아는 것이다.

존 스타인벡을 처음 알게 된 건 고등학교 국어 시간이었다. 선생님이 『분노의 포도』를 읽어보라 했다. '제목이 왜 이래? 포도가 어쨌다고?' 제목부터 끌리지 않았지만, 필독서라니 마지못해 읽었다.

그에게 관심을 가진 건 2017년에 『Of Mice and Men』을 읽고부터다. 1937년에 출간된 107쪽 분량 중편소설로, 미국 대공황 시대를 겪은 노동자들의 삶을 그렸다. 미국의 교육 기업 '르네상스 러닝'은 미국 고등학생이 많이 읽는 책을 조사하는데, 베스트 3 안에 들기도 했다. 우리 학원 고등부 1~2등급 학생도 읽는다.

"제목이 왜 '생쥐와 인간'이에요?"

나도 궁금해서 찾아봤던 걸 학생이 물으니 반가웠다.

"어떤 시인이 「생쥐에게(To a mouse)」라는 시를 썼어. 거기서 존 스타인벡이 소재를 얻은 거야."

로버트 번스는 일상을 인생살이에 빗대어 시를 썼다. 번스가 쟁기질하다가 생쥐의 집을 엎어버려서 생쥐는 느닷없이 집도 잃고 죽을 뻔했다. 이 일도 시로 남겼다. 존 스타인벡은 생쥐의 운명이 소설 속 노동자 계급의 처지와 다를 게 없어서 제목을 그렇게 지었다. '꿈을 가지고 목표를 세워봐야, 한 치 앞을 알 수 없는 게 인생'이라는 주제가 미국 대공황 시대를 잘 반영했다.

교과서 표현만 보다가 사투리와 실생활 문체를 만나니 신선하고 흥미로웠다. 존 스타인벡은 'A man's writing is himself(글은 쓴 사람 자신이다)'라고 했는데 경험한 걸 그대로 묘사해서인지 문체가 생동감 있다. 뛰어난 장면 묘사, 간결한 문체, 감동 스토리, 그리고 사회 부조리를 작품에 녹여낸 것. 존 스타인벡을 좋아하는 이유다.

"For the rabbits." Lennie shouted.

"For the rabbits." George repeated.

"And I get to tend the rabbit."

"An' you get to tend the rabbit."

Lennie giggled with happiness.

"An' live on the fatta the lan'."

"토끼에게." 레니가 소리쳤다.
"토끼에게." 조지도 되풀이했다.
"그리고 토끼는 내가 기를게."
"토끼는 자네가 길러."
레니는 행복에 겨워 껄껄대며 웃었다.
"그리고 호사스러운 생활을 한다."

두 주인공 레니와 조지의 대사로, 소설 마지막에 나온다. 쉽고 짧은 대화가 유쾌해 보이지만, 맥락을 알면 가슴 얼얼해서 잠 못 이룬다. 존 스타인벡의 진가가 드러나는 대목이다. 지능이 모자라고 몸집이 큰 레니와 체구가 작고 영민한 조지. 레니는 사고만 치고, 조지는 뒤처리를 맡는다. 조지에겐 레니가 혹 같은 존재지만, 두 사람은 서로를 의지하고 같은 꿈을 꾼다. 작은 농장에서 토끼를 키우며 사는 것. 소박한 계획이었지만, 그들에겐 꿈이었다.

존 스타인벡은 많은 걸 주었다. 그의 말과 문장을 수업에 활용했고, 영어 소설을 쓰고 싶은 꿈이 생겼고, 2년간 매일 공책 한 쪽씩 필사했고, 미국 대공황 시대를 이해했다. 가장 큰 선물은 생각거리를 던져준 것이다.

희망이 하루아침에 사라지면 어떻게 살아갈 것인가? 현실에 주저앉을 것인가, 그래도 꿈을 향해 한 걸음 내디딜 것인가?

번스의 시에 나오는 생쥐처럼, 나도 열두 살 때 한순간에 집을 잃었다. 레니와 조지처럼, 내 전부였던 학원이 11년 차에 무너졌다. 생쥐와 인간은 우리의 모습일지도 모른다. 그가 남긴 질문에 답하려고 멈춘다. 지나온 길을 되돌아보고, 현재를 잘 살아가는지 확인하고, 앞으로의 방향을 조정한다. '희망이 사라져도, 다른 희망을 만들어나갈 거야.' 존 스타인벡의 질문이 삶을 이끈다.

이제, 그대가 답할 차례다!

영어교육을
말하다

사리, 기꺼이 쌓아야죠

주소연

'이러다 몸에서 사리 나오겠다.'

했던 말을 하고, 하고, 또 한다. 아이들을 가르쳐야 하니 당연하다. 인내심을 시험받는 순간도 온다. 숙제를 안 해 오고, 수업 시간에 딴짓하고, 지적하면 입을 삐죽 내밀 때다.

'네가 이기나 내가 이기나 두고 보자.'

학생과 작은 전쟁이 시작된다. 승리하면 학생이 변화하고, 모두가 해피엔딩이다. 반대라면 학생은 그대로거나 더 멀어진다. 최악의 경우 퇴원으로 이별한다.

바라는 건 당연히 해피엔딩이다. 초보 강사 시절, '무섭고 카리스마 있는 선생'이 답이었다. 10년 차에 온 지금은 '따뜻하고 단호한 선생'을 지향한다. 바라는 결말에 가까워지는 중이다.

시험지에 연이어 동그라미가 그려졌다. 몇 달간 반타작도 안 나왔는데, 금세 마지막 번호에 도달했다.

"와! 만점!"

고개를 들어 앞에 앉은 아이를 쳐다봤다. 한껏 상기되어 콧구멍이 커져 있었다. "애썼다!" 단어 시험지에 20/20을 쓰고 하트를 그렸다. 민우한테 준 최초의 하트였다. 작은 그림을 그리기까지 1년 4개월 걸렸다.

민우를 처음 만난 건 아이가 초등학교 4학년 때다. 입학 상담 중 몇 가지 질문을 했는데, 대답이 바로 나오지 않았다. 한마디를 하는데도 숨을 급하게 들이쉬고 뜸을 들였다. 발음도 정확하지 않았다. 학부모는 학원이 처음이라고만 했다. 묻고 싶은 게 많았지만 먼저 말을 꺼내기는 어려웠다.

알파벳 수업 첫날, 아이는 예상보다 심각했다. 매번 엉뚱한 걸 해 오고, 보고 베껴 쓰는데도 철자를 몇 개씩 빠트렸다. 1학년보다 손이 많이 갔다. 어느 날은 똑같은 걸 몇 번이나 설명하는지 속으로 세봤다. 한 시간에 열 번이 넘어갔다. 도저히 안 되겠다 싶어 학부모에게 전화했다.

"학습을 위해 여쭐게요. 혹시 민우가 집중하는 데 어려움이 있나요? 말하는 것도 힘들어하고요."

그제야 예상했던 답변이 나왔다. 1년 전까지는 언어치료를 다녔다고 했다.

"집중을 못하는 건, 민우가 뇌전증이 있어요."

전화기 너머로 울음이 섞이기 시작했다.

"가르치는 데 속 터지실 때도 많을 거예요. 엄마인 저도 그런데요."

장애등급이 나오던 날의 부모 심경을 전해 들을 땐 덩달아 마음이 아팠다. 동시에 막막함도 밀려왔다. 이곳은 영어교육 기관이다. 학생의 영어 실력을 향상해야 한다. 하지만 우리말도 전달이 안되는 상황이었다. 머릿속이 복잡했지만, 마음을 굳혔다.

"어머님, 제가 성심성의껏 지도해볼게요. 민우가 학습이 느릴 뿐이지, 다른 아이를 방해하진 않거든요. 그거면 됐어요. 대신 못한다고 설렁설렁 넘어가진 않을 거예요. 혼내야 할 땐 혼내야죠. 안되는 건 될 때까지 해 오라고 하고요."

모두를 품는 선생은 아니었다. 개원 후 1개월도 안 되어 한 아이에게 퇴원을 권했다. 판단 기준은 하나였다. '다른 아이에게 피해를 주는가?' 교습소가 자리 잡기 전이었다. 입소문이 나쁘게 날까봐 겁이 났지만 할 건 해야 했다.

민우는 학습 능력만 문제였다. 고민할 필요 없었다. 답답한 속만 다스리면 될 일이었다.

"응, 다시 해 오자."

민우 컨디션이 안 좋은 날은 열 번도 넘게 말했다.

"네…."

한숨을 푹 쉬고 발을 쿵쿵 구르며 자리로 돌아갔다. 아랑곳하지 않았다. 얼굴 한번 찡그리지 않고, 똑같은 목소리 톤을 유지했다. 분을 못 이겨 책상을 칠 때는 엄하게 혼냈다. 바로 옆 친구 책상이 흔들릴 테니까.

"오늘도 애썼어. 내일 보자."

꼭 눈을 마주치고 인사했다. '오늘도 애썼어.' 나에게도 하는 말이었다.

"원장님, 민우가 어제도 숙제 안 해 갔다고 해서서 혼냈거든요? 그렇게 할 거면 학원 끊으라고요. 그랬더니 펑펑 울면서 싫다는 거예요. 신기해요. 원장님이 무섭게 하시는 것 같은데 아이가 학원을 좋아해요."

숙제 완성도, 단어 점수, 수업 태도… 1년이 지나도록 눈에 띄게 나아진 게 없었다. 같은 지적을 반복하며 회의감이 들기도 했지만, 변화를 꿈꾸며 기다렸다. 동시에 '곧 그만둘 수도 있겠다'라고 매달 예상했다.

예상은 언제나 빗나갔다. 민우는 휴원 한 번 하지 않았다. 병원 때문에 결석하게 되면 다른 날 보충수업에라도 나왔다. 그 안에는 말로 표현하지 않은 작은 의지가 숨어 있었을 것이다.

'영어 공부를 계속한다는 데 의의를 두자.' 내 마음도 자랐다. 예전에는 인상을 찡그리지 않으려고 '노력'해야 했다. 이제는 미간에 자연스레 힘이 풀린다.

그렇게 민우는 1년 4개월 만에 단어 시험 20개 만점을 받았다.

가르치는 일에서 가장 강력한 무기는 인내심이다. 학생을 변화시키고, 교사 역시 더 나은 교육자로 성장하게 한다. 엄하게 다그치기도 하지만, 모든 지도의 바탕에는 그들의 성장을 바라는 희망이 있다. 인내심은 단순히 참는 노력이 아니다. 끝까지 기대를 놓지 않는 일이다.

교사라면 누구나 사리를 쌓는다. 사리는 헌신의 증거이자, 앞으로 학생과 이뤄낼 성공을 품은 씨앗이다. 속이 타들어갈 때도 있을 것이다. 하지만 인내야말로 학생에게 큰 변화의 기회를 준다는 걸 잊어서는 안 된다. 미소와 따뜻한 말 한마디를 장착하고 기꺼이 그들 곁에 선다.

얘들아, 생각을 바꿔보자!

양진아

2009년 봄, 대학교 교양 영어 강의를 시작했다. 떨리는 마음으로 새내기 대학생을 만났다. 첫 학기, 회화 수업에서 많이 놀랐다. 자신감이 없는 데다 영어를 싫어하는 아이들도 많았다. 잘하고 싶다는 학생도 많지 않았다. 그다음 학기에 만난 친구들은 영어 지식이 너무 없었다. 수업 시간에 배운 문장의 단어를 조금이라도 바꾸어서 시험 문제로 내면 불만이 아주 많았다.

가르치는 사람으로서 고민하게 되었다. '학생과 소통 없이 교재만 가르치고 강의실을 나설 것인가, 아니면 영어를 어려워하며 영어와 멀어지는 학생들이 마음을 열도록 진정성 있게 가르칠 것인가.' 당연히 답은 정해져 있었다. 학생들이 영어를 싫어하는 것을 보게 된 이상, 쉽사리 모른 척할 수는 없었다.

'영어를 싫어하는 학생들의 생각을 바꾸자.'

제일 먼저 내가 변해야 했다. 영어를 못하고 싫어하는 학생의 마음을 이해해야 했다. 선생님의 관심을 받지 못하거나 어렵게 배우면 싫어하기 쉽다. 하루는 수업 시간에 한 학생에게 물어보았다.

"넌 왜 영어를 싫어하니?"

"고등학교 때 영어 선생님이 너무 싫었어요."

"왜?"

"잘하는 친구들만 가르쳤어요. 못하는 친구들은 신경 쓰지 않았어요."

물론, 성심성의껏 가르치시는 선생님들이 훨씬 많다. 그러나, 이 학생은 개인적 경험 때문에 영어를 멀리했다. 이야기를 들으며 안타까웠다. 잘하는 아이만 끌고 가는 수업을 만들지 말자고 다짐했다.

반면에 난 영어를 싫어해본 기억이 없다. 언어를 좋아해서 무슨 언어든 다 배우고 싶었다.

나도 미국에서 공부할 때 영어 때문에 속상한 일을 많이 겪었다. 한국에서 시험을 통해 증명된 영어 실력과 미국 생활에서 필요한 영어는 차이가 많이 났다. 살아가는 데는 불편함이 크지 않았다. 원어민처럼 말하지 못해도, 읽기는 할 수 있었기 때문이다. 하지만 한계가 보였다. 단어를 많이 알아도 책 읽는 시간이 미국 학생보다 오래 걸렸고, 빠른 대화를 이해하지 못할 때도 많았다. 읽을 책과 과제가 많아서 4시간 이상 잘 수 없었다. 이런 경험을 떠올리며 아이들에게 설명했다.

"우리는 한국인이야. 영어를 못하는 것은 당연해. 나도 원어민처럼 말할 수 없어. 그러니, 틀려도 괜찮아. 실수해도 괜찮아. 처음부터 완벽한 문장을 만들려고 하지 않아도 돼. 자꾸 말하는 연습을 하는 것이 중요해."

아이들이나 어른이나 영어가 왜 어려운지 물어보면, '완벽한 문장을 만들어야 해서 어렵다'라고 답하는 경우가 많았다. 주어, 동사 다음에 목적어가 나와야 하고 등등. 머릿속에서 생각하고 만드는 시간이 오래 걸리니 아예 포기하는 것이다.

학생들은 "틀려도 괜찮으니 일단 단어라도 말하기 시작해"라고 말하는 나를 빤히 쳐다봤다. 반응을 보이는 학생들이 있었다. 매 시간마다 맨 앞줄에 앉아서 내 눈을 빤히 쳐다봤던 학생들.

'맨 앞줄에 앉는 한 아이라도 생각을 바꾸면 성공이다. 영어를 싫어하지 않게 되기만 해도 괜찮아.'

A대에서 작문을 가르칠 때 주어, 동사조차 모르는 친구를 보았다. 수업마다 그 친구를 챙겼다. 기말고사 시험지에 적힌 후기에 보니, 영어에 대한 생각이 바뀌었다며 감사하다고 썼다. 생각만 바뀌어도 성공이다.

'할 수 있다라고 조금이라도 생각하게 된다면, 나의 수업이 그

통로가 된다면 성공한 것이라고 생각했다. 백 명 중 한 명이 나와 눈이 마주쳐서 생각을 바꾼다면 성공한 것이었다. 감사하게도 한 명이 아니라 몇 명이 생각을 바꿨다. 그 친구들과 지금도 연락을 주고받는다. 아이 엄마가 되어서도 내게 안부를 묻는다.

　지금 나와 공부하는 학생들 중에는 영어 공부를 늦게 시작한 친구도 있고, 학습으로 시작해서 자신감을 잃어버린 친구도 있다. 한 친구는 철자를 늘 틀린다. 때로는 1학년 수준의 단어도 읽지 못할 때가 있다. 1년 넘게 학습식 학원을 다녔는데, 실력이 낮으니 학원 선생님도 별로 신경을 쓰지 않았다고 한다. 선생님이 일대일로 물어봐주고 확인해주는 수업이 처음이라고 했다. 속상한 부분은 친구가 단어를 설렁설렁 암기하는 습관이 있다는 점이다. "선생님, 저는 단어를 10번 쓰나 1번 쓰나 결과는 같아요"라고 말한다. 생각을 바꿔주는 것, 내가 풀어야 할 문제다.

　오늘도 이 친구에게 "넌 되는 아이야. 절대 잊어버리지 마"라고 이야기해줬다. 내 마음을 알아주면 얼마나 좋을까.

　긍정적인 경험 없이 부정적인 생각을 바꾸기는 어렵다. 내가 공부를 할 때 버틸 수 있었던 기반은 영어를 사랑하는 마음이었다. 좋아했기 때문에 3만 개가 넘는 단어를 몇 달 동안 붙들고 외울 수 있었다. 애정이 있을 때 어려움을 이겨낼 수 있다.

"난 너의 영어가 발전할 것이라고 믿어. 난 네 영어가 기대돼."

이 말을 듣는 학생이 배시시 웃는다. 싫지 않은 눈치이다. 자신을 인정해주는 사람을 만나면 아이들은 더 열심히 한다. 작은 성공이 큰 성공을 끌어낸다. 다음 단계에 도전하는 기초가 되기 때문이다. 지금도 함께 공부하는 친구들이 작은 성공을 통해 성취감을 느낀다. 매 시간 녹음 숙제를 내준다. 단어 하나 잘 읽지 못하던 친구가 문장을 읽어내고 있다. 자신의 영어가 점점 발전하는 것을 스스로 보고 듣고 있다. 물론 집에서 아주 열심히 연습한다. 숙제를 보낼 때마다 칭찬과 격려의 답을 해준다. 칭찬을 듣고 싶어서 학원에 오면 또 물어본다. "선생님, 저 녹음 잘했죠?" "응, 당연하지! 물어보나 마나지!"

그리고 더 많은 것을 해보겠다고 적극적인 모습을 보여준다. "선생님, 저 녹음 두 개 해도 돼요?" 말리지 않는다. "그럼! 당연하지! 하고 싶은 거 다 해!" 학생의 얼굴에서 뿌듯함이 엿보인다. 그리고 그날 저녁이면, 녹음 파일이 도착한다. 긍정적인 경험이 그 학생을 더 날아다니게 한다. 내가 그랬던 것처럼.

코로나가 안겨준 1호 학생

김지현

아이들이 좋다.

배우려는 눈망울이 좋다.

나를 보며 조잘거리고 웃는 표정이 좋다.

"아하." 감탄하며 깨닫는 소리가 좋다.

실력이 늘어 으쓱하는 어깨가 좋다.

가능성을 느끼며 앞으로 더 나아가려는 마음이 좋다.

이 모든 순간이 나를 더 깊이 영어 강사로 이끌었다. 더불어 적지 않은 수입까지 안겨주니 천직이라 생각했다. 영원히 지치지 않을 줄 알았다.

2020년 2월, 코로나가 터졌다. 경험해보지 못한 전염병에 온 세상이 멈췄다. 귀국한 지 1년, 영어 가르칠 준비를 하고 있었다. 영어 강사 연구 모임에 참여하며, 재능 기부로 주변에 영어를 가르쳤다. 가끔 과외 의뢰가 들어왔지만 사양했다. 돈 받은 것 이상 돌려

줘야 한다고 생각했다.

코로나로 학교도 학원도 굳게 문을 닫았다. 모든 삶이 정지했다. 그저 숨죽이며 조심하는 것밖엔 아무것도 할 수 없었다. 아이러니하게도 세상이 멈춰 있던 그 순간에 나는 그토록 바랐던 일을 시작했다.

미국에 가기 전, 친하게 지내던 지인 아이가 어학원에 가지 못한다고 했다. 홈스쿨링을 하며 중졸 검정고시를 마치고 고등학교 입학을 준비하고 있었다. '곧 끝나겠지' 하며 여러 달 동안 코로나가 끝나기를 기다렸다. 하지만 끝날 기미가 보이지 않았다. 준비 없이 진학하면 크게 고생할 것 같았다. 아이 엄마에게 조심스럽게 제안했다. 돈을 받을 생각은 전혀 없었다.

"미국 다녀오면 영어 가르쳐준다고 했던 거 기억나?"

조심스럽게 물었다.

"기억하지."

웃으며 대답했다.

"혹시 괜찮으면 내가 하윤이 영어 좀 봐줄까? 이대로 입학하면 힘들지 않을까 싶어."

내게도 쉬운 제안은 아니었다. 큰 용기가 필요했다. 혹시 내게 부담이 될까 고민하는지 꽤 오랫동안 대답이 없었다. 한참 뒤에야 연락이 왔다.

"무료로 과외받는 건 아닌 것 같아."

동네 언니는 오래 고민한 듯 말을 꺼냈다.

하윤이가 다니던 구립 어학원 수강료 정도 받기로 했다. 그렇게 나의 1호 학생을 위한 수업이 시작되었다.

단 몇 달 만에 1호 학생은 예상 밖의 좋은 성과를 얻었다. 소개로 과외 의뢰가 계속 이어졌다. 2호, 3호 학생이 줄을 이었다. 영어 공부가 멈춘 지인 아이들도 최선을 다해 가르쳤다.

온라인 수업 의뢰가 들어왔다. 대전뿐만 아니라 남해, 산청 등 사교육이 어려운 지역 학생도 인터넷만 있으면 수업해줄 수 있었다. 줌 수업을 시작했다. 교재를 만들어 우편으로 보내고, 노트북으로 판서를 띄웠다. 그렇게 나는 온라인에서 어디라도 갈 수 있었다. 언제든, 어디서든 교실로 만들었다. 코로나는 학생들뿐만 아니라 온라인의 세계로도 안내했다.

홍보는 단 한 번도 없었다. 오는 학생만 받았다. 과외 가방을 싸서 학생 집을 돌다가, 감사하게도 반이 꾸려지고 어느새 대기를 받아야 할 정도가 되었다. 코로나가 내게 기회를 주었다. 망설이던 나를 세상 밖으로 이끌었다. 그리고 놀라운 기회를 선사했다.

멜팅팟(Melting Pot)과
샐러드볼(Salad Bowl)

김위아

나는 '국내파'다. 대학 4년 내내 아르바이트를 했고, 졸업 앞두고 창업했다. 유학은커녕 단기 어학연수도 다녀오질 못했지만, 한국에서 영미권 문화를 간접 경험할 수 있었다. 언어교류 커뮤니티에서 미국인, 영국인, 캐나다인을 만났다. 함께 음식 만들고, 책 읽으며 토론하고, 부산 국제 영화제에 갔다. 언어와 문화는 실과 바늘이라는 걸, 문화를 알면 대화가 풍성해진다는 걸 그때 알았다.

내가 해보고 좋았던 건 우리 학생들도 경험하게 해주고 싶어서, 커리큘럼에 문화를 포함했다. 단어를 충분히 아는데도 말을 잇지 못하는 것은 성격 영향도 있지만, '말할 거리'가 없어서이기도 하다. 문화 이벤트로, 추억거리와 이야깃거리를 동시에 준다.

학원 파티 때 영국 BBC 가족 드라마 '마법사 멀린'을 보여줬다.

2008년 9월 20일부터 2012년 12월 24일까지 방영된 판타지물이다. '해리포터'와 '반지의 제왕' 분위기를 풍긴다. 아서왕 신화에 나오는 대마법사 멀린이 아서왕의 친구로 등장한다. 큰 줄기는 신화를 따르지만, 세부 설정과 에피소드는 작가의 상상이다. 에피소드 한 편을 보여주고 영국 문화와 역사를 공부했는데 반응이 좋았다. 영어라는 언어가 언제 생겼는지 책으로만 공부했다면 따분해했을 텐데 눈높이에 맞는 드라마를 활용하니 효과가 기대 이상이었다. 아서왕 전설, 켈트족, 핼러윈 유래, 고대 영어 이야기를 자연스레 흡수했다. 영어는 단기간에 습득할 수 없지만, 문화와 역사는 드라마 1회 분량만 봐도 얻을 게 있고 기억에 오래 남는다. '컬처 데이(Culture Day)'가 끝나면, 학원 업무용 휴대전화가 바삐 울린다.

"원장님~ 찬호가 언제 또 하냐고 물어봐요."

영어를 배우는 데 문화 이해는 중요하다. 단어와 숙어가 문화적 배경에서 오는 경우가 많다. 멜팅팟(Melting Pot)과 샐러드볼(Salad Bowl)이 그렇다. melt와 pot은 아는데 합쳐놓으면? 서로 다른 것이 용광로에서 녹으면 하나의 물질이 되듯, 여러 인종과 문화가 뒤섞여 하나가 되는 일을 표현한 단어다. 샐러드볼은 멜팅팟과 다른 문화다. 다른 맛과 형태를 지닌 식재료가 한 그릇에 담겨 있는 샐러드처럼 고유한 정체성을 존중하면서 조화롭게 공존하는 것을 뜻한다. 외국인과 소통하거나 독해 지문을 읽을 때, 속뜻을 모르면 단어 뜻을 알아도 맥락을 이해하기 어렵다.

"Melting Pot과 Salad Bowl. 공통점이 뭘까?"

고등부 수업에서 질문을 던졌다. 수영이는 파닉스 책에서 봤다고 답했다. 은정이는 둘 다 그릇이 들어갔다며 센스 넘치는 답을 내놓았다. 재호는 단어는 쉬운데 속뜻을 짐작하기 어렵다고 했다. 나는 문화를 별개의 영역으로 다루지 않는다. 배운 걸 오래 기억하도록 흥미를 이끌어내는 수업을 고안한다. 질문으로 답을 찾아가도록 하고 단어와 관련된 문화 스토리를 들려준다. 문화 빠진 영어는, 소금 빠진 설렁탕처럼 밍밍하다. 국내파 영어학원 대표이지만, 우리 학원 아이들에게 간이 딱 맞는 설렁탕을 아낌없이 대접한다.

영어 4대 필수 영양소는 듣기, 말하기, 읽기, 쓰기이다. 세분화해서 4대 영양소를 추가할 수 있다. 문법, 어휘, 발음, 문화. 8대 요소 중 문화는 간과하기 쉬운데, '문화 이해하기'는 초중고 공교육의 공통 목표이다. 중고등학교 교과서를 보면 여러 나라 문화를 소재로 한 내용이 많다.

언어를 배우는 궁극적인 목적은 의사소통을 위해서다. 상대방이 어떤 상황과 문화 속에서 살고 있는지 이해해야 한다. 영어를 습득하는 데는 오래 걸리지만, 문화와 역사는 1시간짜리 드라마로도 배울 수 있다. 영어 흥미를 단번에 끌어올리기도 한다. '문화'가 풀리지 않는 영어 학습의 실마리이다.

정확성도 챙길게요

주소연

Eva는 전화영어 선생님이었다. 수업은 아침 6시였고, 그녀는 5시 59분에 전화를 걸었다. 첫 만남부터 시간을 철저히 지키는 모습에 책임감과 신뢰를 느꼈다. 그녀는 한 가지 약속을 요청했다.

"최선을 다해 가르칠게. 결석만 하지 마."

단단하고 진심 어린 당부였다. 3년 동안 Eva는 한 번도 늦지 않았다. 처음에는 교재 중심으로 수업이 이루어졌지만, 시간이 흐르며 서로의 일상도 공유했다. 하지만 어떤 이야기를 나누든, 꼼꼼한 교정을 잊지 않았다. 나 또한 완벽한 표현을 위해 같은 문장을 여러 번 반복하는 것에 익숙해졌다.

문법 실수가 유난히 잦던 날이었다.

"유창성과 정확성 중에 뭐가 더 중요하다고 생각해?"

똑같이 중요하다는 답을 기대하며 물었다. Eva는 잠시 간격을

두고 말했다.

"유창하게 말하는 것도 중요하지. 하지만 정확한 게 더 중요하다고 생각해. 정확성이 뒷받침되지 않으면 내 의도를 제대로 전달할 수 없을 테니까."

아차 싶었다. '쏼라쏼라' 끊임없이 말하는 데에 몰두하던 시기였다. 잠시만 머뭇거려도 멋이 없다고 생각했다. 겉보기엔 유창했지만, 실제 발화하는 문장은 문법 실수로 가득했다. 초심으로 돌아가 한 문장, 한 문장 정성 들여 말하기로 했다.

그녀에게 결심한 바를 전했다.

"앞으로는 말하기 전에 문법을 따져볼게. 오래 고민할 때도 있을 거야. 그래도 중간에 끊지 말고 기다려줘."

대환영이라는 반응이 돌아왔다.

막상 시작해보니 생각만큼 쉽지 않았다. 현저히 느려진 대화 속도에 답답한 적도 많았다. 그래도 연습을 거듭했다. 두 달 정도 신경 썼더니, 정확성을 유지하면서도 더 빠르고 자연스럽게 표현하게 됐다. filler words, 즉 의미 없는 말도 최대한 줄이려 노력했다. "Well", "Actually", "You know" 삼총사였다. 말을 부드럽게 이어주는 역할을 하지만, 지나치면 불필요한 장식에 불과했다. 이 역시 의식적으로 피하다 보니 점차 사용 빈도가 줄었다. 문장 사이의 침묵을 견디며, 제대로 된 단어와 문장을 찾는 훈련 덕분이었다.

Practice does not make perfect. Only perfect practice makes perfect.

연습이 완벽을 만들지 않는다. 오직 완벽한 연습만이 완벽을 만든다.

미국의 전설적인 미식축구 감독 빈스 롬바르디(Vince Lombardi) 의 말처럼, 단순한 연습만으로는 부족하다. 정확성을 추구하는 '엄격한' 연습이 중요하다. 표현 하나하나를 다듬는 훈련이 쌓이며, 유창한 척하는 영어가 아니라 진짜 의미를 전달하는 영어를 배웠다.

이후 교실에서 Eva에게 배운 가르침을 전파 중이다. 대상은 초등 5학년 이상으로 한정한다. 작은 실수도 가벼이 넘기지 않고, 올바르게 잡아주는 자세를 유지한다. "문법을 꼼꼼히 따지는 게 시간은 걸릴 거야. 하지만 그럴 만한 가치가 있지. 그 과정에서 너희들의 표현력이 강해지거든."

유창성과 정확성은 어느 한쪽만으로는 완전하지 않다. 빠르게 많이 말하는 것도 좋지만, 원하는 의미를 온전히 전달하는 게 먼저다. 언어는 소통을 위한 도구인 만큼, 정확성을 목표로 연습하는 순간 진정한 의미의 유창함이 다가올 것이다. 작은 실수를 고쳐나가는 과정이 우리의 영어를 더욱 단단하게 만들어준다. 진정한 멋은 다듬어진 표현 속에 있다.

걱정하지 마세요

양진아

어렸을 때부터 영어를 접했다. 일찍 원어민 발음을 듣고 배우지 않았다면, 영어를 좋아하게 되었을까? 내 발음이 바뀌었을까? 아니라고 말하기 어렵다. "진아는 발음이 좋아"라는 말을 들었기 때문에 더욱 열심히 읽고 공부했다. 성취감이 나에겐 커다란 동기였다.

영어교육에 관심이 많은 학부모가 아이가 어릴 때부터 영어 소리를 들려주고, 이왕이면 원어민에게 보내고 싶은 마음을 이해한다. 학습식 영어 유치원생이 원어민과 수월하게 영어로 대화하는 것을 보면 '내 아이도 저렇게 키워야지' 생각할 수 있다. 날마다 5~6시간씩 영어로 원어민과 친구들과 말하기 때문에 말하기 실력이 높이 영어식 유치원 친구보다 좋을 수 있다. 물론 아이마다 차이는 있다. 발음만 생각하면 일찍 원어민의 소리를 듣는 것이 좋다. 조기 교육을 받은 나로서는 그 효과를 톡톡히 누렸다. 남들보다 일찍 조기 교육의 기회를 주신 부모님께 감사하다. 아버지는 몸소 공부의 자세를 보여주셨고, 어머니는 자녀 교육을 위해 어려운 형편에도 투자하셨다.

그러면, 나는 내 아이들을 영어 유치원에 보냈을까? 아니다. 나도 보내고 싶었다. 원어민과 영어로 쉽게 의사소통하는 아이들의 모습을 보고 싶었다.

그러나 한국어가 더 중요하다고 생각했다. 아직 모국어 기초도 안 되어 있는데, 영어 한마디 더 하는 것이 뭐가 그리 급한 것일까? 내 아이가 일찍 외국에 나가서 살아야 한다면 일찍 시작하는 것이 맞다. 그러나, 한국에서 대학교까지 보낼 것이라면, 한국어 기초가 튼튼해야 한다.

첫째 아이는 영어에 관심이 없다. 반면, 둘째 아이는 나처럼 영어에 관심이 많다. 또래에 비하면 둘 다 영어는 아무 것도 모르는 수준이다. 그러나 둘 다 한글을 잘 쓰고 있고, 책도 많이 읽는다. 지금은 영어 소리를 계속 들려주고 있다.

유아 대상 영어학원에 대한 나의 기준은 세 가지이다.

첫째, 영어를 좋아하는가?

둘째, 한국어 발화도 잘하는가?

셋째, 원에 적응을 잘하는가?

내가 사는 동네에 학습식 유아 영어학원과 기독교 유아 영어학원이 한 건물에 같이 있다. 그 앞을 지나가는데, 엄마와 아빠가 아이의 양손을 잡고 가면서 하는 말을 들었다.

"오늘 유치원 갔다 오면, 백화점 가서 네가 좋아하는 장난감 사자."

아이 얼굴을 보니, 신나는 표정이 아니었다. 얼어 있었다. 아이는 말하지 않았다. 가기 싫은데, 장난감을 가지려면 저 현관문을 넘어야 한다는 것을 알았다. 또 하루는 그 앞에서 엉엉 우는 아이도 봤다.

이와 반대로, 영어를 좋아해서 등원하는 아이도 많다. 7세 아이들이 원어민처럼 발음을 구사하고 관계대명사가 들어간 문장을 만들어낸다. 독해 수준도 높아서 졸업할 시기에 미국 초등학교 3학년 교과서를 읽는다. 엄마들은 이런 아이를 보고 자기 아이도 할 수 있을 거로 생각하며 영어학원 입시를 준비한다. 그러나, 졸업생 모두가 원어민처럼 쓰고 말하는 것은 아니다.

조기 교육은 철저히 아이가 중심이다. 부모가 원한다고 해서 성공하는 것이 아니다. 유아 대상 영어학원은 초등학교와 다르다. 담임 선생님과의 유대 관계가 중요하다. 어린이집 담임 선생님이 중요한 것과 같다. 선생님과 애착을 형성하지 못하면 가기 싫어할 수 있다. 아이가 영어를 좋아하고, 외국인과 잘 지낸다면 보내도 좋다. 자연스럽게 영어를 접하지 못하고 강제로 배우는 경우, 학부모가 원하는 대로 결과가 나오지 않을 수 있다.

한국어 발화도 중요하다. 모국어 문장이 만들어지지 않는데 억지로 영어 자극을 넣는 것은 두 언어 모두 퇴화되는 결과를 얻을 수 있다. 보내고 싶어도 아이가 받아들이지 않으면 아무 소용이 없다. 그러니, 안 보냈다고 해서 불안해하지 말자. 아직 갈 길이 멀다. 유치원 영어가 서울대까지 간다는 보장도 없고, 지금 영어를 못한다고 해서 평생 못한다고 할 수도 없다. 아이가 영어를 좋아하면서 자라도록 돕는 것이 제일 중요하다. 영어는 평생 곁에 두고 필요할 때 써먹을 수 있는 도구가 되어야 한다.

자신감 장착 완료

김지현

미국 3년 차쯤 되었다. 영어가 들리기 시작하니 본격적으로 미국 생활을 이어갔다. 아침과 밤에는 엄마, 낮에는 학생, 저녁에는 아르바이트를 했다. 새벽에 과제 하다가 책상에 엎드려 잠들었다. 학교 방학에는 이민자를 위한 영어교실에 나갔다. 실력은 갑자기 늘지 않는다는 것을 깨닫고 그저 배움의 자리에 부지런히 나를 데려다놓았다. 아무리 미국에 있어도 한인들 사이에만 머물면 영어가 늘지 않는다. 어학연수에 실패하는 이들도 여럿 보았다.

일요일엔 미국 교회에 다녔다. 시간을 쪼개어 교회 행사에도 참여했다. 봉사활동을 하면서 그들과 어울리려고 더욱 애썼다.

하고 싶은 말을 유창하게 하려면 어떻게 하지?
알아들을 수 없는 특유의 발음과 억양은 어떻게 익히지?
여전히 부족한 단어는 어떻게 채우지?

고민과 시름이 파도처럼 끊임없이 밀려왔다. 그런 내 상황과 관계없이 늘 위로받았던 곳이 교회였다. 내가 기독교인이라서 그런 것만은 아니었다. 내 영어를 실험하고 연습하기에는 최고의 장소였다. 늘 내 영어 자존감을 세워주는 이들이 있었다.

지역 특성상 한국 파병 경험이 있는 미군 가족이 많았다. 내 서투른 영어에 미안한 마음을 내비치면, "난 한국에 몇 년이나 살았는데 '가음 싸 하미다'밖에 못 한다"라며 버터에 미끄러지는 한국어를 힘겹게 말했다. 그들은 늘 진심으로 위로와 칭찬을 쏟아주었다.
'이 정도면 훌륭해. 우리 지금 충분히 대화하고 있잖아.'
웃으며 손가락을 치켜세웠다.
내게 필요했던 건 유창한 영어 이전에, 자신감이었다.

한국인 특유의 영어 발음을 고치고 싶었지만 잘 고쳐지지 않았다. 상대방이 못 알아들으면 발음 때문인가 싶었다.
2018년 4월 5일, 에이미 추아의 문장을 만났다. 이 한마디가 나를 바꾸어놓았다. 그날의 감동을 인스타그램에 남겼다.

Do you know what a foreign accent is? It is a sign of bravery.

- Amy Chua

외국어 억양이 무엇인지 아세요? 그것은 용기의 상징입니다.

에이미 추아는 1962년에 미국 일리노이주에서 태어났다. 미국에서 태어나고 자랐으나 필리핀-중국계 미국 이민자 부모님은 그녀를 Hokkien(민난어)로 키웠다. 민난어는 중국 남부와 동남아시아 지역에서 많이 사용되는 언어이다. 미국 변호사, 예일대 법대 교수인 그녀는 다양한 저서로도 유명하다. 2011년 우리나라에 『타이거 마더』라는 책으로 소개되었다.

이 문구를 만나고 마음의 짐이 덜어진 기분이었다. 잊고 싶지 않아 인스타그램에 이렇게 남겨놓았다.

I will be a brave person, no, I already became that kind of person! I just need to get more confidence. Only this! That's it!

나는 용감한 사람이 될 것이다. 아니, 이미 용감한 사람이다. 단지 내게 필요한 건 더 많은 자신감이다. 오직 그거면 충분하다!

나의 어색한 발음도 받아들일 수 있었다. 더 이상 부끄러워하지 않았다. 용기의 표시니까!

이렇게 얻은 자신감으로 한인 식당, 세탁소에서 파트타임에 도전했다. 덕분에 가장 어렵다는 전화 공포에서 조금 벗어날 수 있었고 콩나물, 항정살, 어묵처럼 교과서에 나오지 않는 단어도 편하게 말하고 알아들을 수 있게 되었다.

주일이면 내가 속한 봉사 팀장에게 먼저 대화를 건넨다. 하지만 내 말을 단번에 알아듣지 못했다. 그는 한결같이 "뭐라고?"로 대답했다. 매주 같은 일이 반복되었다. 그럴수록 '언젠가 꼭 저 말을 듣지 말아야지.' 다짐했다. 그를 찾아 대화를 건네는 것이 루틴이 될 정도였다. 나의 간절함에도 불구하고 그는 몇 달 뒤 다른 지역으로 이사 가버렸다.

영어 공부는 진행 중이다. 이제 조바심은 덜하다. 어차피 평생 배울 영어이니 이런 날도 있고 저런 날도 있는 게 아니겠는가?

영어 강사로도 마찬가지다. 스스로 만족하는 수업을 하는 날도 있지만 그렇지 못한 날도 있다. 평생 가르칠 영어이니 오늘보다 내일은 더 발전하자고 다독이며 일어선다.

학생에게 내 경험을 틈틈이 전한다. 사춘기에 접어들면 영어를 머리로만 하려고 한다. 충분히 이해한다. 자기 발음이 어색하고, 왠지 낯간지럽다. 그래서 소리 내 읽히고 악착같이 녹음시킨다. 머리로만 아는 영어는 반쪽짜리다. 발음하지 못하는 단어는 뜻도 기억나지 않는다. 공부를 제대로 하려면 내 실수를 받아들이고 인정하면서, 포기하지 않고 앞으로 나아가야 한다. 그래야 실력이 쌓인다. 이런 배움의 과정을 연습시킨다.

기대에 못 미치는 점수로 실망하는 학생에게 전한다. 한눈에 담길 수 없는 큰 그림을 그리느라 그런 거라고. 언젠가 완성될 대작을 기대하며 오늘도 부지런히 퍼즐을 놓자고 말이다. 당장 보이지 않지만, 여전히 늘고 있다 믿는다. 멈추지만 않는다면.

Adversity causes some men to break: others to break records.

– William Arthur Ward

역경으로 인해서 어떤 사람은 자기 자신이 깨지고, 어떤 사람들은 기록을 깨게 된다.

실망으로 포기하지 말고 역경을 통해 기록을 깨는 내가 되기를, 우리 학생이 되기를, 그리고 우리 모두가 되기를.

라떼의 영어교육법

김위아

고대 그리스의 수학자 유클리드는 이집트 왕인 프톨레마이오스 1세에게 기하학을 가르쳤다. 왕은 빠르고 쉽게 배우고 싶어서 방법을 물었다. 유클리드는 "기하학에는 왕도가 없습니다"라고 답했다. 공부에 왕도가 없다는 말은 여기서 유래되었다. 옛날이나 21세기나 선생님과 학생의 대화는 비슷하구나 싶어 웃음이 났다.

교육의 핵심 가치와 교수법은 세월이 흘러도 그대로라는 걸 확인하니 안심도 됐다. 영어교육에 있어서는 '라떼는 말이야'를 고집하고 싶다. 꼰대 소리 들어도 좋다. 노력은 안 하고 빨리 이루려는 학생에게 "나 때는 말이야" 하며 내 공부 경험과 효과 있었던 방법을 소개해준다. 사전, 어원, 굿모닝 팝스. 영어교육 전문가가 되는 데 도움을 준 삼총사로, MZ 세대에게도 '잘' 통했다.

DIY 사전 만들기와 발음 기호 특강

　민중서림에서 나온 벽돌색 인조가죽 표지『에센스 영한사전』은 보물 1호였다. 고1 입학 무렵에 교회에서 성경 암송대회 선물로 받았다. 영어 속담에 'be over the moon'이 있는데, 내 마음이 꼭 그랬다. 달에 닿게 뛸 정도로 좋았다. 잘 때도 머리맡에 두었다. 잠자리 날개처럼 얇디얇은 종이가 찢어지기라도 할까 봐 살살 넘겼다. '샤라락샤라락' 넘길 때마다 나는 소리가 멜로디처럼 들렸다. 참고서 살 돈이 없어서 사전으로만 공부하며 나만의 단어장을 만들었다. 수능 영어 지문에서 모르는 단어가 거의 없었다.

　"발음 기호 40개 정도만 알잖아? 그럼 사전에 있는 단어를 전부 읽을 수 있어. 근사하지 않아?"

　사전 마니아를 원장 선생님으로 둔 우리 학생들은, 사전에서 단어 찾는 것도, 발음 기호 읽는 것도 좋아한다. 방학이나 주말에 일일 무료 특강으로 '영영사전 활용법', '발음 기호 읽는 법', 'DIY 사전 만들기'를 한다. 학부모와 학생 모두 만족도가 높아서 공지 나가면 하루 만에 마감된다.

　종이 사전으로 영어 학습의 기본기를 다져주는 것. 옛날 방식이라고 하는 사람도 있겠지만, 공부는 시간을 들여 정직하게 해야 한다는 게 나의 교육 철학이다.

어원으로 놀아볼까

1993년에 출간된 『오리 선생 한호림의 꼬리에 꼬리를 무는 영어』 덕분에 어원을 파헤치는 재미에 빠졌다. 낯선 단어를 보더라도 접두사와 접미사를 보며 뜻을 짐작해보는 과정이 흥미로웠다. 어원을 공부하다 세상에서 가장 긴 단어를 알게 됐다. 20년 전에 알았는데 지금도 잊지 않고 완벽히 말하고 쓸 수 있다. 단어는 길지만, 익숙한 단어가 사이사이 들어 있어서 외울 만했다.

pneumonoultramicroscopicsilicovolcanoconiosis

(진폐증: 석탄 가루 같은 미세한 입자를 흡입함으로써 발생하는 폐 질환)

"세상에서 가장 긴 단어가 뭔 줄 아니? 알파벳 몇 글자게?"

당연히 아는 학생은 없었다. 나는 칠판에 거침없이 알파벳 45글자를 써 내려갔다. 학생들은 존경이 담긴 눈으로 쳐다봤다. 사방에서 감탄사가 터졌다.

"우와~ 대단하세요." "어떻게 외우셨어요?" "원장 선생님, 천재죠?"

"너희들도 할 수 있어! 하나씩 뜯어보면 익숙한 단어가 숨어 있어. 찾아볼까?"

생선 토막 내듯 해체했다.

"봐봐. ultra 알지? micro도 들어봤지? volcano는 어때?"

"저도 알아요." 학생들은 반가워했다.

"누가 가장 빨리 정확히 외워서 말하고 쓰나 즉석 이벤트 해볼까?"

'세상에서 가장 긴 단어 외워 쓰기' 이벤트는 승리욕을 자극했다. 평상시 뭘 해도 동기부여가 되지 않았던 중하위권, 하위권 남학생 참여율이 폭발적이었다. 초집중하니, 금세 정답자가 나왔고 다른 아이들도 너도나도 도전했다. 틀려도 신나게 웃었다. '진폐증'은 스펠링 비(Spelling Bee) 콘테스트, 즉석 퀴즈, 어린이날과 크리스마스 행사에서 최고 인기 단어다.

굿모닝 팝스 스터디

2024년 6월 30일, 정든 벗과 이별했다. 친구 이름은 '굿모닝 팝스', 나이는 36살. 방송의 시작을 알리는 경쾌한 딱따구리 효과음이 그립다. 그 소리에 의지해 무거운 눈꺼풀을 들어 올렸다. 굿모닝 팝스 애청자를 'GMPer'라고 불렀는데, 진행자가 "Good morning, GMPer" 하면 입꼬리 올리며 큰 소리로 "Good morning" 했다. 대학 때 굿모닝 팝스 스터디가 유행해서 GMP 동아리에 참가했다. 2013~2014년도에는 내가 스터디 리더가 되어 모임을 이끌었다. 이 경험을 학원 프로그램에도 반영했다.

내신성적 걱정 없는 상위권 중고등학생에게 굿모닝 팝스와 EBS 라디오 영어를 권했다. 실생활 영어와 다양한 분야의 배경지식을 쌓아주고 싶어서였다. 여름과 겨울방학에는 함께 스터디를 하며 하루에 5시간 이상씩 듣기와 받아쓰기 훈련을 했다. 성인이 된 제자들이 한결같이 말했다. "라디오 받아쓰기가 진짜 큰 도움 됐어요." 상위권이라 어떤 교재, 어떤 학습법을 소개했어도 잘했겠지만, 영어 공부의 또 다른 길을 안내해주고 스스로 할 수 있는 습관을 길러줘서 보람 있다.

스마트폰, 유튜브, 구글 번역, Chat GPT, AI… 온갖 종류의 학습법이 나온다. 신기술을 체험할 때마다 놀란 것도 사실이다. 속도와 정확성이 기대 이상이었다. 그러나 어떤 배움이든 요령 피우지 않고 진득하게 해야 자기 것이 되는 건 고대 때부터 변하지 않았고, 앞으로도 그럴 것이다.

많이 듣고, 말하고, 쓰고 읽어야 영어가 느는 건 수십 년이 지나도 변함없다. 라떼(나 때)의 공부법은 30년이 지나도 통한다. '라떼는 말이야'는 우리 학원에선 선생님과 학생 사이를 이어주는 끈이다.

평소 잘한다는 말만 들었다면, 학부모로서 당황스러울 수 있다. 숙제는 다 해서 오는지, 수업 시간 태도는 어떤지, 시험은 잘 보는지, 어려워하는 부분은 없는지…. 피드백에 신경 쓰는 이유다. 나를 위해서이기도 하다. 학부모와의 상의가 필요한 순간, 서로의 정보량이 비슷하다면 의견 합치를 볼 수 있다. 어긋나더라도 '설득'이 가능해진다.

거꾸로 질문도 한다. 집에서 지켜본 아이의 모습과 학원에서의 태도를 맞춰보면 더 나은 교육 방향이 나온다. 각자 다르게 알고 있는 부분은 짚어가며, 아이를 위한 길을 찾는다. 특히 초등 고학년 시기의 학습 태도는 매우 중요하다. 학부모와 교사가 함께 학습 환경을 조성하고, 꾸준히 격려해야만 아이는 동기를 가지게 된다.

재원생뿐만이 아니다. 신규 상담 때도 무턱대고 희망만 주지 않는다. 현재 실력을 정확히 알려주고 그에 따른 현실적인 계획을 세운다. 올바른 방향을 설정해야 학생에게 진정한 기회를 줄 수 있다. 초면에 '칭찬'이 아닌 내용을 꺼내기는 어렵다. 그런데도 아이를 위하는 마음에서 말한다. 학부모도 이해해줄 거라는 희망을 담는다.

얼마 전, 중학교 2학년인데 최근에서야 영어 학습을 시작한 학생을 만났다. 학부모와 아이는 한 달 바짝 공부해서 80점을 받는 것을 목표로 하고 있었다. 지난 시험지를 보며 말했다. "몇 가지

문제는 당장 해결하기 어려워요. 교과서나 학교 프린트에 등장하지 않는 단어가 선택지에 있거든요. 현재 실력으로 받을 수 있는 최고 점수는 76점이에요. 그것도 범위 내 모든 문장을 완벽하게 외우고, 시험 당일에 실수를 안 한다는 가정하에서요." 교사로서 최선을 다하겠지만, 상황이 나아지려면 아이의 학습 강도 역시 높아야 한다고 덧붙였다.

아이가 숙제를 밤늦게 한다며, 대신 혼내달라고 부탁한 학부모도 있었다. 그럴 때마다 부모의 역할이 중요하다는 점을 강조했다. "학원에서는 제가 철저히 관리하겠습니다. 가정에서의 학습 태도는 학부모님께서도 단호하게 지도해주셔야 합니다." 학부모와 내가 동일한 지도력과 방침을 가지지 않으면, 학생의 학습 효과는 반감된다.

원장으로서의 사명은 학생의 학습에 관해 학부모와 책임을 나누는 것이다. 학생을 위한 최선의 길은 우리가 정보를 공유하고, 서로 정확히 파악한 상태에서 지원하는 데에 있다. 필요할 때는 불편한 진실도 말한다. 교육자면서 동시에 사업가이기도 하니, 고객의 반응이 두려울 때도 있다. 신규 원생을 놓칠 수도, 때로는 잘 다니던 학생을 떠나보낼 가능성도 있다. 그럼에도 할 말은 한다. '교육자' 타이틀을 언제나 우선한다. 단, 상담의 끝에는 언제나 포기하지 않고 최선을 다하도록 달성 가능 목표를 제시한다. 결국,

부모와 교사가 하나의 팀이 되어야만 아이도 학습에서 변화를 맞이할 수 있다. 가르치는 사람이라면 누구나 교육에 관련된 뚝심이 있다. 소신껏 가르치기 위해, 부지런히 공유하고 의견을 표출한다.

엄마 아니면 원장?

양진아

원장이 되어 보니, 예상보다 해야 할 일이 많다. 강사 때는 전혀 신경도 쓰지 않았던 일들이 많다. 보조 직원이 없는 나는 청소부터 사무일, 강의, 상담까지 다 한다.

게다가, 육아가 있다. 두 아이를 키우는 원장이다. 한마디로, 쉴 틈이 없다. 더 어린아이를 키우는 원장은 얼마나 힘들까.

엄마 역할과 원장 역할 중 무엇이 더 중요할까?

일하는 엄마라면 당연히 고민하는 문제일 것이다. 야근할 때, 아이가 아픈데 할 일이 많아서 속상할 때가 있다. 일하는 엄마라서 퇴근 후에는 엄마 역할을 더 성실히 하려 한다.

일주일에 두 번은 수업이 늦게 끝나서 아이들 저녁을 챙겨줄 수 없다(내 저녁 식사는 포기한 지 오래다). 친정어머님이 이때는 저녁을 챙겨주신다. 일하는 엄마에게는 가족이나 도우미의 도움이 무조

건 필요하다. 주말에는 애들이 좋아하는 피자나 주먹밥을 해준다. 주말 오후에는 거의 아이들과 외출한다. 광화문 교보문고가 최애 장소다. 여름에는 SRT, 가을에는 KTX 타고 기차 여행을 했다. 아이들 덕분에 나도 바람을 쐬며 스트레스를 털어낸다. 아이들과 함께할 때, 최선을 다한다.

학원을 시작하기 전보다 바쁘지만 아이들을 사랑하는 마음은 더 커졌다. 학원 학생들도 소중하다. 학원 원장의 자리에서 해야 할 일도 중요하다. 학원에선 학생들 눈을 맞추고 같이 웃는다. 엄마 역할도, 원장 역할도 모두 중요하다.

둘째 아이는 늘 내 퇴근 시간을 확인한다. 요일마다 대화가 다르다.

"엄마, 오늘은 몇 시까지 일해?"

"오늘은 저녁 7시. 5학년 오빠들 가르치고 바로 올게."

"응, 7시 다음엔 없지? 바로 와야 해. 사랑해."

"응, 없어. 엄마도 사랑해."

"엄마, 오늘은 몇 시에 와?"

"오늘은 8시에 끝나. 할머니랑 저녁 먹어. 할머니 말씀 잘 듣고. 엄마가 엄청 사랑해. 알았지?"

"알았어. 엄마 기다릴게. 엄마랑 같이 있을 거야."

"그래, 알았어."

그나마 학원과 집이 지척이라 다행이고 감사하다. 아이들과 가까이 있으려고 집에서 가까운 곳에 창업했다. 일하는 엄마 중에 아이들에게 미안해서 눈물 안 흘려본 엄마가 있을까? 회사에서 눈치도 많이 볼 것이고, 집에 와서 먼저 잠든 아이들을 보면 안쓰러움을 느낄 것이다.

이런 고민을 선배 원장님과 나눴다. 선배 원장님은 공감해주시면서 아래의 조언을 하셨다.

"원장님, 아이들 키우면서 학원 하기 힘들죠? 저도 그랬어요. 그런데, 가장 중요한 건 죄책감을 느끼지 않는 거예요. 원장님이 최선을 다하고 있으니, 아이들도 알게 될 거예요. 아이들은 엄마 뒷모습을 보며 자란다고 하잖아요."

눈물이 핑 돌았다. 내가 일하는 모습, 바쁘게 출근하는 모습, 피곤한 모습으로 퇴근하는 모습을 아이들은 다 보고 있다. 지금은 아이들이 어려서 잘 모르겠지만, 그들의 기억 속에 저장되고 있다.

엄마 역할, 원장 역할 모두 잘하고 싶지만 백 프로 완벽할 수 없다. 이럴 때 힘이 되는 것은 아이들의 사랑 고백이다. "엄마 사랑해", "엄마 고마워"라고 말해주는 아이들 덕분에 이겨낸다. 내가 할 수 있는 것을 잘하면 된다. 다 못 해줘서 미안해하는 것보다 할 수 있는 것을 잘하는 것이 더 낫다. 이것은 우리 아이에게도, 원생에게도 마찬가지이다.

최선을 다하면, 원생뿐만 아니라 학부모도 안다.

"원장님이 영어를 좋아할 수 있도록 가르쳐주셔서 학원 가는 것을 너무 좋아해요"라고 말씀해주신다.

이런 피드백이 일하는 엄마 원장의 마음을 위로해준다. 나를 바라보는 학생들의 초롱초롱한 눈빛은 일하는 엄마 원장이 애쓰고 있다는 증거이다. 그 증거들은 쌓이고 있다. 쌓이는 증거 하나하나가 교육 사업가의 그림을 채우고 있다.

그럼에도 불구하고, 투자

김지현

2023년 7월, 속초에서 외부 입시 상담이 있었다. 운전사와 도우미로 따라나선 남편이 방파제에서 떨어져 의식 없는 채 발견되었다. 호흡이 불가능한 상황에도 불구하고 기적적으로 목숨을 건졌다.

생사를 오가는 남편을 중환자실에 맡기고 정규 수업을 이어갔다. 여차하면 내가 가장이 될지도 모른다는 불안함이 나를 일터로 불렀다. 인천에서 원주를 오가며 수업했다. 다행히 공부방 방학 동안 집 근처 병원으로 옮겼다. 내 상황을 이해하고 배려해주신 학부모님들의 마음을 생각하면 지금도 가슴이 뭉클하다.

남편이 좀 안정될 무렵, 평소 지병이 있으신 아빠의 병원행이 더욱 잦았다. 내가 유일한 보호자였다. 언제 병원에서 연락이 올지 알 수 없었다. 혹시 학생 시험 기간에 연락이 올까 종종거렸다. 학생에게 피해가 가는 건 절대 용납할 수 없었다.

아빠의 병세가 급격히 나빠졌다.

'지금 당장 갈 수가 없어서요. 혹시 전화로는 어려울까요?'

매번 병원에서 걸려 오는 전화에 죄송한 마음을 담아 답했다. 아빠는 걷지 못하는 불편한 몸으로 나를 키우셨다. 아빠가 떠나시면 후회만 남을 것 같았다. 아빠를 위한 결정이었다. 아니, 내 죄책감을 덜어낼 결정이었다.

12월 마지막 날, 아끼는 중고등부 제자들과 이별했다. 미안하고 아쉬웠지만 다른 방법은 없었다. 나보다 더 좋은 강사를 만나길 간절히 바랐다.

끝까지 나만 생각하셨던 아빠는 1월 2일에 돌아가셨다.

장례를 마치고 바로 일로 돌아왔다. 이미 떠나보낸 학생 빈자리가 컸다. 이렇게 빨리 가실 줄 몰랐다. 마음이 방향을 못 잡고 헤맸다. 오전 내내 이불을 껴안고 누워 있다가도 수업 시간이 가까워지면 몸이 일으켜졌다. 수업을 하니 오히려 힘이 났다. 참 신기했다. 수업 시간이 반으로 줄었다. 평소라면 왔어야 하는 학생이 오지 않을 때마다 허전했다.

'공부는 잘하고 있을까? 성적은 잘 나왔을까?'

궁금했지만 연락하지 않았다. 잘 지내고 있을 거라 믿고 싶었다.

3월, 카톡이 왔다. 떠나보낸 학생이었다.

"선생님, 생신 축하드려요. 언제 수지랑 놀러 갈게요."

생일을 잊지 않고 챙겨주는 마음에 울컥 눈물이 났다.

"고마워. 언제든 오면 맛난 거 사줄게."

진심으로 답했다.

6월의 어느 날, 전화가 울렸다. 생일을 챙겨줬던 학생이었다. 예상치 못한 반가운 전화였다.

"선생님, 지금 어디 계세요? 혹시 공부방이세요?"

오랜만에 제자와 만났다. 갑자기 시간이 났단다. 부쩍 자란 모습이었다.

학교, 가족, 그리고 영어 시험 이야기를 했다. 다시 다니고 싶다고 했다.

'전에 선생님이 하셨던 말씀이 맞았구나!' 싶었단다. 영어 단어는 한두 번에 외워지지 않는다는 것, 기초가 얼마나 중요한지, 매일 습관처럼 익혀야 한다는 것도 다 맞는 말이라며.

참 보람되다. 어디서든 잘하기를 힘껏 응원했다.

강사는 시간을 약속하는 사람이다. 연차나 월차를 휙 하고 쓸 수 없다. 미리 계획하고 양해를 구해야 한다. 갑작스러운 개인사로 수업을 바꿀 수는 없다. 내 직업의 어려움이다.

어려움만 있는 것은 아니다. 내 말 한마디가, 나의 표현이 학생의 마음을 움직인다. 학생이 성장하고 실력이 느는 즐거움은 말로 표현하기가 힘들다. 내가 그 나이 때 느꼈던 어려움을 겪는 학생에게 위로와 희망을 전하고 싶다. 서열과 경쟁 속에서 상처받거나, 내 학창 시절처럼 영포자가 되지 않기를.

영어로 성장한 나의 경험을 학생에게 전할 수 있어 참 기쁘다. 영어로 실패한 기억을 성공의 경험으로 재탄생시켰다. 바로 이 경험을 가르치고 싶다. 시험에도, 삶에도 도움 되는 영어를 전하는 것이 나의 기쁨이고, 내 사명이다. 학생들 영어 실력이 늘어가는 것, 점수가 올라 성취감도 함께 올라가는 모습을 보면 주먹이 꽉 쥐어진다.

학생 마음을 더 깊게 이해하려고 심리학을 공부했다. 진로와 진학을 고민하는 학생을 돕고 싶어 입시 컨설팅을 배웠다. 쉽게 이해하고 기억하게 하려고 영문법 강의 스터디를 하고, 원서를 읽고, 교재를 연구한다. 필요한 정보가 있으면 어디든 달려가고, 손품, 발품을 팔아 자료를 모은다. 덕분에 학생뿐 아니라 내 실력과 역량까지 높아진다. 학생의 성장이 나를 성장시킨다. 내 열정의 원동력이다.

돈을 위해 시간을 팔지 않는다.
학생의 미래를 위해 시간을 투자한다.

그들의 인생에 분명 아름다운 꽃이 피리라.

그들과 함께 나도 자란다.

그들과 함께 나도 피어난다.

맛집 탐방하며 사명 찾기

김위아

동네 학원 네 곳을 경영한다. 한 학원당 학생 수 100~130명 사이다. 다 합쳐도 1천 명에 훨씬 못 미치지만, 주식에 상장한 기업이라는 마인드로 경영한다. 학부모는 매달 교육비를 내면서, 우리 학원 영어 주식을 20~30만 원어치 산다. 5년 넘게 투자하는 학부모가 많다.

고객을 위해 내가 할 수 있는 것은 학원을 성장시켜 이익을 배분하는 것이다. 실력 올리기는 기본이다. 즉, 원금이다. 무료 문법 특강, 장학금 지급, 일일 특강, 선물과 이벤트로 보답한다. 이익 배분이다. 학부모가 낸 교육비를 적립해서 원금에 이자를 붙여서 돌려준다.

2014년 무렵, 비 오는 날이었다. 여름방학 특강 때 단어 게임을 했다. 내가 단어 하나를 불러주고, 학생은 연관되는 단어를 말했다. "rain"으로 시작했다. 여기저기서 들려왔다. "umbrella", "wet", "cloud", "부침개"도 나왔다. 중등부에서도 같은 게임을 했다. 중3

남학생이 외쳤다. "money!"

"은철아, 왜 money가 영어랑 관련 있다고 생각해?"

짐작이야 했지만, 학생 답이 궁금했다.

"초등학교 1학년 때부터 영어학원비로 한 달에 40만 원씩 쓰셨어요. 그런데 제가 잘하지 못해서 부모님께 죄송해요."

은철이는 중2 겨울방학에 우리 학원에 왔다. 말수가 없고 진중했다. 친구들 앞에서 의견을 길게 말하지 않았는데, 영어교육비에 대해선 할 얘기가 많았을까. 큰아이라 학부모가 은철이 교육비, 특히 영어에는 투자를 아끼지 않았다. 유치원생부터 중2까지 유명 어학원만 다녔는데, 내신이 나오지 않아 그만뒀다. 우리 학원에 오기 전까지 영어교육비로만 5천만 원은 썼으리라.

그때 중등부 교육비는 18~20만 원이었다. 동네에서 제일 낮았지만, 불필요한 지출을 줄여 괜찮은 순이익을 유지했다. 개인 브랜드라서 한 권당 20,000~25,000원 하는 프랜차이즈 교재비가 나가지 않았다. 차량도 운행하지 않았고, 원어민 교사도 없었다. 시간표를 효율적으로 짜서 불필요한 인건비를 줄였다. 가격의 거품을 몽땅 빼고, 합리적인 교육비로 최상의 교육과 서비스를 제공했다. 학부모는 '돈 아깝지 않은 영어학원'이라 한다. 아니, 교육비 더 내고 다니고 싶다고 한다.

고객을 위하는 마음과 학원의 적정 수익 사이에서 고민도 했다.

돈 덜 받고 내 몸 부서져라 정성을 다했는데, 남은 건 아픈 몸과 상처 난 마음이었다.

'교육비라도 제값 쳐서 받았다면 덜 억울했을 텐데.'

시험 기간 한 달 내내 주말도 잊고 보충수업 해준 건 잊고, 여름 휴가로 결석한다며 교육비 빼달라는 학부모를 만나면 입맛이 사라졌다.

강철같은 사명이 흔들리려 하면, 소문난 맛집에 방문한다. 잘되는 곳은 다 이유가 있는 법! 사장의 철학이든 서비스든 맛과 양이든 뭐라도 배워 온다. 학원은 익숙해서 새로운 시각으로 바라보기 어려울 때, 타 업종에서 희미해지는 사명과 초심을 찾아온다. 올해 알게 된 식당이 두 곳 있다. 칼국수와 한식뷔페 전문점이다.

2024년 7월, 사무실을 강남역과 교대역의 중간 지점으로 이전했다. 길 가다 우연히 들어간 칼국숫집이 소문난 대박집이었다. 지하철 출구 도보 3분 거리 초역세권인데 세숫대야 칼국수가 6천 원, 콩국수는 7천 원, 만두 한 판(10개)에 4천 원이었다. 교통, 맛, 가격 모두가 압도적이었다.

'모든 게 넘사벽이라 강남 한복판에서 20년을 살아남았구나.'

점심시간에 이용하는 한식뷔페는 8천 원이다. 피크 타임엔 대기가 길어서 2시경에 간다. 1만 원 이하에서 보기 어려운 메뉴가 매일 나온다. 돼지갈비찜, 프라이드치킨, 보쌈, 양장피. 맛과 재료가 전문점보다 훌륭하고 쌈 채소가 싱싱하다. 음식이든, 물건이든 싸다고 찾는 시대가 아니다. 돈의 가치를 뛰어넘는 것이 있으니 성공하는 거다. 두 곳 모두 우리 학원과 닮은 꼴이었으나, 한 수 위였다. 배울 것 많은 쟁쟁한 경쟁자를 만난 것처럼 반가웠다. 받은 것보다 더 돌려주겠다는 사명, 때로는 지쳐서 흩날려버릴까 했던 그것을 다시 단단히 붙잡았다.

'준 것은 잊어버리고 받은 걸 생각하자!' 고객을 대하는 자세다. 준 것에만 몰입하면 정성에 금이 간다. 일부 고객에게서 받은 서운함 때문에 고마운 고객의 마음마저 잊는다. 학부모가 학원에 내는 돈을 '당연하게' 생각한다. 학원이 흔들리는 징후다.

사업을 지키는 길은 우리 학원을 믿어주는 학부모, 학생, 강사의 성공을 먼저 생각하는 것이다. 전년보다 올해, 올해보다 내년에 이익을 최대치로 돌려주려고 달린다. '영어 사교육비의 거품을 빼고 가성비와 가심비 모두 충족하는 학원 만들기.' 학원 경영인으로서의 내 사명이다. 잊지 않기 위해 맛집 탐방에 나선다. 고객 입장이 되어 보면 경영의 길이 보인다.

불안 속 최고의 선택

주소연

2022년 늦가을, 딱 2주 고민하고 개원을 결심했다.

8년을 강사로 일하며 상상도 안 한 일이었다. 50대 중반쯤 강사로 은퇴할 계획이었다. 그러다 도전해보라는 엄마와 친구의 설득에 저질렀다. 나도 모르는 야망이 있었나 보다.

개원을 정하니 마음이 조급해졌다. 누가 재촉하는 것도 아닌데, 혼자서 발을 동동거렸다. 당시 사고 흐름이 이랬다.

학원을 퇴사한 상태다 → 개원해야 해서 다른 곳에 취직 못 한다 → 고정 수입이 없다 → 추후 상가 계약 및 공사 비용이 발생한다 → 원생이 모이기까지 월세와 관리비 부담이 크다 → 기존에 모아둔 돈을 까먹어야 한다 → 이 기간이 얼마나 길어질지 아무도 모른다 영어 프랜차이즈를 검색했다. 전부 이름만 들어봤지, 수업 방식에 대해서는 전혀 몰랐다. 강사였을 땐 관심 없었는데, 막상 내 사업을 하려니 기댈 곳이 절실했다. 학원 창업·경영서의 영향도 컸다. 대부분 초보 원장에게 프랜차이즈 가맹을 추천했다.

업체 비교에 들어갔다. 홈페이지를 살피고, 지사 설명회에 참석했다. 그중 마음 가는 곳을 정해 일주일 만에 계약서에 서명했다.

지사에서 운영 교육을 들으며 수업도 참관했다. 자기 주도식은 처음이었다. 그룹식 강의만 해봤는데 적응할 수 있을지 겁이 났다. 지난 경험이 무용지물이 된 기분이었다. '자기 주도식 학원에서도 일해볼걸.'

수업 지침서를 꼼꼼히 읽었다. 어떻게 지도해야 하는지 처음부터 끝까지 설계되어 있었다. 경력이 어떻든 본사 방식을 따르라는 게 핵심이었다. 그게 나한테 맞는지가 중요하지만, 깊게 고민하지 않았다. 수업 순서를 외우는 데만 집중했다.

씨앗 학생 열 명 중 여덟 명이 초등 1, 2학년이었다. 예전에 초등 2학년은 가르쳐본 적이 있었다. 당시 6개월 내내 생각했다. '저학년은 나랑 안 맞아.' 이후로 최소 4학년부터 맡았다. 그랬던 내게 초등 저학년이 고객이 됐다. 교재도 전부 다 알파벳 또는 파닉스였다. 글이 빽빽한 문제집만 보다가, 알록달록 그림이 들어간 교재를 보니 교육 대상이 달라진 게 실감 났다.

수업 첫날부터 진땀을 뺐다. 아이들은 하라는 건 해 오지 않고 여기저기서 불렀다. 가서 보면 이미 설명한 내용이었다. 다시 알려 주는데, 그새를 못 참고 "선생님, 저는요?" 했다. 정신이 하나도 없었다. 우리말을 읽고 쓰는 게 버거운 아이도 있었다. 문제 푸는 방법부터 이해시켜야 했다.

원생은 느린 속도로 늘었다. 입학 자체가 감사했지만, 초등 저학년 위주였다. 고학년이면 영어를 처음 배우거나 다른 학원에서 적응하지 못한 경우였다. 중등에서는 좀처럼 문의가 없었다. 프랜차이즈는 초등 이미지가 강하니 당연했다. 큰 아이들을 가르치는 걸 좋아하면서, 그 부분도 미리 고려하지 않았다.

강사였을 땐 한겨울에도 땀을 뻘뻘 흘리며 강의했다. 그런데도 지치긴커녕 힘이 넘쳤다. 이제는 자리에 앉아 조곤조곤한 목소리로 말한다. 아이들을 어르고 달래며, "조용히 앉아서 하자." 하루에도 수십 번 말한다. 예전 동료가 "목소리가 쩌렁쩌렁 울리게 강의하던 사람인데 적응이 돼요?" 농담조로 물었다.

그의 말도 맞았다. 난 그룹 수업에서 뿜어져 나오는 에너지를 사랑했다. 아이들과 주거니 받거니 농담도 하며 활력을 더하는데 재능 있었다. '좋아하면서 잘하는 걸 해야지, 못하는 일에 에너지 쓰는 거 아닌가?' 개원하고 정신없던 3개월이 지나니 고민이 생겼다. 평소에는 괜찮다가, 컨디션이 안 좋은 날이면 불쑥 생각에 잠겼다. 운영 자체도 만만치 않은데, 확신까지 없으니 흔들렸다.

여전히 번뇌는 찾아온다. 인정하기에 부끄럽다. 그렇다면 애초에 잘못된 선택을 한 걸까?

항상 옳은 결정만 내릴 수는 없다. 때로는 부족한 정보와 불완전한 판단 속에서 길을 정해야 한다. 개원 전 내가 그랬듯이 말이다. 중요한 건, 어떤 선택을 하든 그것에 책임을 지고 나아가겠다는 용기다.

요즘 나는 수업 연구에 푹 빠졌다. 프랜차이즈 교재를 최대한으로 활용할 수 있도록, 워크시트도 이것저것 만들어본다. 어린 학생과의 소통도 좀 더 편안해졌다. 카리스마를 추구하던 내가, 이제는 생글생글 잘 웃는다. 더 이상 '고학년 신규 원생 유입'에 목매지 않는다. 지금 함께하는 아이들을 잘 키워서, 고학년 때 열매 맺도록 하는 게 목표다.

나는 이미 한 번의 선택을 내렸다. 언젠가 또 다른 선택을 마주하게 될 것이다. 결과는 틀릴 수도, 기대와 다를 수도 있다. 어떤 경험에서든 배우려는 의지만 있다면, 실패조차 성장의 밑거름이 된다. 아쉬움을 뒤로하고 전진하는 것이야말로 지금 할 수 있는 최고의 선택이다.

예비 원장님, 한번 읽어보세요!

양진아

영어학원을 시작한 지 거의 1년이 된다. 완벽하지 않은 상태로 시작했지만, 빨리 부딪혀서 배우는 것이 낫다고 생각했다. 지인이 내게 그랬다. "진아 씨는 깡다구가 있어." 그 말이 맞다. 깡다구도 사람마다 정도가 있겠지만, 나에게는 깡다구가 있다.

예비 원장에게 진심으로 다음의 조언을 드리고 싶다.

첫째, 학원 경영 선배의 책을 먼저 읽는 것이 좋다. 학원 경험이 없는 경우, 원장들의 경험담이 좋은 교과서가 된다. 개원 준비하면서 학원 경영 관련 도서는 적잖이 읽은 것 같다. 도움이 많이 되었다. 그중 한 권은 아직도 꺼내서 참고하고 있다. 김위아 원장의 『온리원 영어학원 만들기』는 필요한 것들을 구체적으로 제공해주는 일종의 설명서 같은 책이다. 여러 번 읽는 것이 도움이 되었다.

둘째, 개학 전에 개원하는 것을 추천한다. 4월에 개원했다. 3월에 하고 싶었으나, 인테리어가 늦어져서 4월 1일에 수업을 시작했다. 홍보에 대해서 교육청에 물어보니, 개원 전에 전단지를 돌릴 경우 주변에서 민원을 넣는 경우도 있다고 알려줬다. 소란을 일으키는 것은 원치 않아서 개원 날까지 기다렸다. 4월에 시작하니, 3월에 학부모들이 교문 앞에 모여 있는 시기를 놓쳤다. 다른 학원에서는 이미 준비한 홍보물을 갖고 와서 학부모들에게 나눠줬다. 속에서는 아쉬움이 밀려 올라왔다.

셋째, 블로그를 활용하면 좋다. 학원을 준비하면서 유튜브에서 들었던 강의 대부분이 블로그를 강조했다. 글쓰기에는 자신이 없어서 처음에는 굉장히 부담스러웠다. 아날로그에 익숙한 사람이라, 컴퓨터를 이용해서 무엇을 만들어내는 것이 어렵게만 느껴졌다. 용기를 냈다. 해야 했기 때문이다. 블로그 만들기 무료 강의부터 듣기 시작했다. '그래서노벰버' 대표의 블로그 만들기 챌린지를 시작해서 골조를 만들었다. 한 걸음 한 걸음이 도전이었다. 사실, 학원을 시작하고 해온 모든 일들이 다 도전이다. 내 인생에서 새로운 길을 한 발자국 한 발자국 꾹꾹 밟고 있다.

넷째, 개인 브랜드 학원이나 프랜차이즈 학원이나 학원 경영 공부를 충분히 하는 것이 좋다. 영어학원 커리큘럼은 원생 모집 상황에 따라 바뀔 수 있다. 학원 경영이란 시도와 실패를 통해 나만의 관리 체계를 만들어가는 과정이라고 생각한다. 시행착오로 생길 손해가 걱정되기도 하지만, 이것도 성장할 때 필요한 비용이라고 생각하며 이겨낸다. 충분히 공부한다고 하더라도, 막상 현실은 다르다는 것을 염두에 두는 것이 좋다. 개인 브랜드의 경우 원장이 원하는 대로 커리큘럼을 만들 수 있지만, 모든 것을 혼자 해야한다는 점이 큰 부담이다. 반면 프랜차이즈는 회사의 방식을 따라야 하지만, 홍보 방식이나 커리큘럼이 이미 정해져 있다는 점이 장점이다. 영어를 직접 가르칠 것인지 고민하는 것도 필요하다.

다섯째, 커뮤니티에 참여하면 좋다. 원장 자리는 외롭다. 동지가있으면 위로가 된다. 나만 눈물 흘리며 씨를 뿌리는 것이 아님을 보게 되면 덜 슬프고 덜 외롭다. 조언이 필요할 때, 진실한 분들은 진심으로 대해주신다.

학원 원장의 자리는 어렵다. 창업한 후 고생을 덜 하려면 공부를많이 해야 한다. 학원 경력이 오래된 원장의 경험을 들어볼 필요가있다. 그리고 개원 시기를 잘 맞추는 것이 좋다. 내 학원을 어떻게 알릴지 늘 고민해야 한다. 개인 브랜드 학원이나 프랜차이즈 학원이나, 어떤 식이든 경영 관리 공부가 필수이다. 이렇게 준비를 해도 막상 창업하고 나면 부족한 것을 느끼게 된다. 몸으로 부딪쳐가며 배울 차례다. 나 자신에 대한 도전이기도 하지만, 사업가로 성장하는 기회이다.

능력 만렙 원장 되기

김지현

영어가 학생의 꿈을 빛내주기를 간절히 바라며 공부방 이름을 지었다. 이제 학습법, 진학 지도와 입시, 탐구 보고서 쪽으로도 조금씩 넓혀나가고 있다. 목적은 단 하나, 학생의 올바른 성장이다.

나를 만나는 학생이 행복한 성장을 이루어가도록 늘 고민하며 연구한다. 학생이 살아볼 만한 세상이라고 느끼게 해주고 싶다. 어떻게 해야 할까? 나의 결심을 나누고 싶다.

즐겁게 노력하는 사람이 되자

처음부터 완벽한 원장은 없다. 학부모와 학생 덕분에 더 많이 배우고 성장한다. 힘들게, 억지로 노력하지 말고 즐겁게 하자. 시험 기간이 다가오면 쉬는 날 없이 수업한다. 몸이 지친다. 마음은 몸의 영향을 많이 받는다. 피로를 느낄수록 예민해지는 나를 보며 체력을 길러야겠다는 생각이 들었다.

건강한 체력으로 몸과 마음도 즐겁게 유지하자. 노력하는 과정 자체를 즐기자.

'잘하고 있어. 늘 응원해!'

끝까지 포기하지 말자

학생이 포기하지 않으면 나는 절대 포기하지 않는다.

공부 방법을 가르치고 연습시킨다.

끝까지 최선을 다하는 모습을 내가 먼저 보인다.

절대 영포자는 되지 않도록.

영어가 얼마나 크고 값진 도구인지 알린다.

수첩에 적어두고 수없이 다짐한다.

학생에게 늘 하는 말이 있다.

"얘들아! 반드시 성공하는 기우제 비법 알아? 맞아. 비 올 때까지 하는 거야. 너희도 잘하게 될 거야. 왜냐면 잘할 때까지 계속 노력할 거거든. 많이 틀렸다고, 공부한 단어가 기억나지 않는다고 실망하지 말자. 아직 기억날 만큼 쌓이지 않은 것뿐이니. 알 때까지 반복하면 돼. 끝까지 해보자!"

나도 안다. 반복이 얼마나 힘든지. 영포자였던 내가 누구보다 잘 안다. 그래서 페이스메이커가 되기로 했다. 그들의 목표를 이룰 때까지 끝까지 함께 달릴 것이다.

학생들에게 소개해줄 원서를 읽다가 감동했다. 이런 감동은 덤이다.

It's not your fault, Leigh. You mustn't ever think that.

그건 네 잘못이 아니야, 리. 절대 그렇게 생각하면 안 돼.

『Dear Mr. Henshaw』에서 부모의 이혼에 죄책감을 느끼는 어린 주인공 리를 보며 나도 모르게 눈물이 났다. 이렇게 영어가 주는 기쁨을 학생에게 전할 방법을 끊임없이 연구하고 싶다.

능력 있는 원장을 넘어 능력 있는 사람이 되자

'ChatGPT'가 나온 지 얼마 되지 않았지만 벌써 버전이 몇 번이나 업그레이드되었다. 더불어 확장 앱도 넘쳐난다. 그뿐인가? 매해 입시제도가 바뀐다. '멈춰 있으면 저절로 도태된다'라는 말이 무슨 말인지 실감했다. 등골이 서늘한 위기감도 느낀다.

능력 있는 원장을 넘어 능력 있는 사람이 되고 싶다. 무엇을 해야 할까? 앞서 언급한 것은 정신적 무장이라면 이번엔 능력을 키우기 위한 장기 계획이다.

4년 전 메모, 문서, 지식 정리, 프로젝트 관리, 데이터베이스 등의 기능을 하나로 통합한 웹서비스인 '노션(Notion)'을 시작했다. 처음엔 로션(Lotion)을 잘못 들은 줄 알았다. 어렵고 복잡했지만, 지금은 제법 편하게 사용한다. 세미나를 듣고 과제를 했다. 스트레스받는 모습에 남편이 그건 나중에 하면 어떠냐 권했다. 하지만 더디더라도 그만두진 않았다. 실력도 조금씩 늘었다.

이번엔 'ChatGPT' 공부다. 가사를 쓰면 노래로 만들어주는 앱도 있다. 8품사 송, 5형식 송, to 부정사 송 등 어려운 어법을 학생에게 친숙하게 해줄 자료도 만들어보겠다. 발달하는 세상에 발맞춰서 더 발전하는 공부방으로 가꾸자. 더 깊이 있는 원장이 되자.

어떤 목표가 있는가? 잠시 멈추어 목표를 적어보자. 어떤 것도 좋다. 그리고 함께하는 사람을 찾아가라. 분명 종이에 쓰인 그 목표가 이루어질 것이다. 학원 경영인 모임도 좋다. 인스타그램에서 유명한 강사, 이름만 들어도 아는 일타강사 강의도 도움이 된다.

내게 도움 되는 것은 무엇이든 적극적으로 실행하자.

나도 마음을 다지며 목표를 다시 써본다. 그리고 미소 지으며 눈을 감고 깊게 심호흡한다.

'행복한 배움터를 만들자. 학생의 빛나는 인성과 실력을 위해!'
'행복한 노력을 하자. 원장으로서 빛나는 성장과 삶을 위해!'

원장을 보면, 학원이 보인다

김위아

현대 경영학의 대부, 피터 드러커는 리더의 자질과 성격이 사업 성과를 결정짓는다고 강조했다. 일찍 알았다면, 남 탓과 상황 탓하며 보낸 그 시간에 나를 먼저 돌아봤을 것이다. 초보 원장 때는 원인과 결과가 나에게서 비롯된다는 걸 몰랐다. 문제의 답은 내가 쥐었는데, 남에게서 찾으려 애썼다.

갈등의 근본 원인은 내 태도와 마인드에 달려 있다는 걸 10년 지나서 알았다. 시행착오를 덜 겪길 바라며, 예비 창업자와 초보 원장에게 전하고 싶은 메시지를 세 개 뽑았다.

내 탓이오

월급 받고 다음 날 안 나오는 강사? 내 탓이다.

교육비 미납하고 오히려 큰소리치는 학부모? 내 탓이다.

숙제 많이 내줬다고 대드는 학생? 내 탓이다.

갑자기 상가에서 나가라는 건물주? 내 탓이다.

'내 탓이오'는 나를 비난하는 태도가 아니다. 남의 잘못을 짊어지는 희생정신도 아니다. 자존감을 떨어트리는 말 같지만, 그 반대다. 문제를 회피하면 자존감이 쪼그라들고, 주체가 돼서 해결하면 올라간다. 남 탓하면 방법이 보이지 않았다. 화살을 내게 돌리니 문제가 풀렸고, 학원도 성장했다. 이 사실을 '편히' 인정하기까지 20년 걸렸다. 5년 차에도, 10년 차에도 '내 탓이오' 하긴 했었다. 남 탓해도 소용없으니, 마지못해 인정했다. 속으로는 쓰린 속을 애써 달랬다. '난 억울하다고!'

'내 탓이오'를 받아들이게 된 데에는 시스템의 역할이 컸다. 5년 차에 있었던 사건은 20년 차에도 일어났다. 세월이 지나도 문제 일으키는 학부모, 학생, 강사를 늘 만났다. 고객은 그대로인데, 갈등은 줄어들었다. 고객은 바꿀 수 없지만, 시스템은 수정하고 보완할 수 있었다. 설명회와 공지문으로 사업 철학, 경영 원칙, 시스템을 주기적으로 공지하고 그대로 지켜나갔더니 함부로 행동하는 사람이 줄어들었다. '아, 원장 하기 나름이었구나' 확실히 알았다.

공부방, 교습소, 학원 원장들과 독서 모임을 하고 자기 경영 수업을 한다. 학원에 일이 생기면 학원에만 초점을 맞추는 경향이 있다.

학원 경영서를 세 권 썼고 한 권을 기획했지만, 섣불리 조언하지 않는다. 교육비 안 내는 학부모, 뒤통수치고 나간 강사, 수업 분위기 흐리는 학생, 그들이 말하는 문제는 어쩌면 근본 원인이 아닐지도 모른다. 첫 번째 원인이 나에게 있진 않은가 냉정히 돌아보라.

착한 원장이 되려 하지 마라

창업하고 5년 차 무렵까지 강사들과 자주 식사를 했다. 학원 특성상 저녁 식사를 제때 하기 어렵다. 배고픈 채로 수업하는 게 힘들다는 걸 알기에 근무 시간 외에라도 푸짐한 한 끼를 대접하고 싶었다. 토익 학원에 다니고 영어 스터디에 참여하는 강사에겐 학원비, 교재비, 토익 응시료를 지원해줬다.

나와 인연이 된 사람이 잘되기를 바랐다. 그뿐이었다. '착한 원장 콤플렉스'가 있었던 건 아닌데, 그들 눈에는 그렇게 비쳤나 보다.

22세에 창업했다. '밥 잘 사주는 어린 원장'을 이용하는 이들이 있었다. 오늘 밤에 수다 떨며 회식했는데 다음 날 출근하지 않았다. 가족이 갑자기 쓰러져서 병간호해야 한다고 했다. 진짜 이유는 월급 받고 해외여행 떠난 거였다. 집안 아픈 사람 모두, 할아버지, 할머니, 이모, 삼촌까지 강사가 병간호하나? 그것도 직장 그만두고? 지각과 조퇴를 밥 먹듯 하며 병문안은 왜 그리 자주 가는가? 대한민국에 효녀와 효자가 이렇게 많은 줄 몰랐다! 가족이든, 본인이든 누군가는 아프다고 해야 깔끔하게 그만둘 수 있어서 그러는가. 하도 들어서 무슨 말을 할지 입만 봐도 알겠다.

삼성에 다녔어도 쉽게 그만뒀을까. 비슷한 일을 반복해서 겪고 권위적으로 변했다. 보스다운 카리스마를 탑재하니 그만두는 강사가 줄어들었고 학원은 잘 돌아갔다. 불필요한 말을 섞지 않고 할 말만 전달하니, 강사는 긴장감을 유지하며 일했다. 누가 사장인지는 정확히 알도록 나부터 행동을 바로잡았다. 편하고 친근하게 대해주고 싶었다. 그러나 그렇게 대할 때마다 상대방은 약속을 어겼고 나태해졌다.

일상에서도 나만의 원칙을 정했다. 덮어놓고 잘해주지 말자. 필요 이상 배려하지 말자. 상대방이 부담스러워할 수도 있다. 잘해줄 땐 잘해주지만, 경우에 어긋난 행동을 반복하는 사람에겐 냉정하다. 좋은 사람이지만, 만만한 사람은 아니라는 걸 보여준다. 인간관계 기본 원칙이다.

학생이 내 노후를 책임지지 않는다

자신의 사업에만 노력하지 말고 같은 열정으로 금융과 부동

산도 함께 공부하길 바란다. 세상에 이름을 알린 모든 경영자들은 이 둘을 모두 제압하고 그 자리에 있는 것임을 기억하기 바란다.

– 김승호, 『사장학개론』, 스노우폭스북스, p. 97

학원장은 교육 사업가이다. 교육과 사업 사이에서 균형을 맞춰야 하는데, 교육자라는 프레임에 갇혀 그 안에만 있으려는 원장을 본다. 사업자 마인드를 갖추어야 한다는 걸 알면서 익숙한 것에 더 익숙해져 틀을 깨고 나오려 하지 않는다.

수업에만 올인하지 말고 반드시 따로 시간을 떼어 금융과 부동산을 공부해야 한다. 지인 원장 중에는 365일 시험 대비만 하다 정작 노후 준비는 못 한 채로 10년, 20년 학원과 함께하는 이들이 있다. 고객에게 정성을 다하는 것과는 별개로 내 인생도 돌봐야 한다. 학생은 떠난다. 잘해줘도, 성적이 올라도 떠나고 못 해주면 더 떠난다. 학생이 자식인 양 모든 걸 걸지 말았으면 좋겠다. 돈 받은 것 이상 최선을 다하되, 그와 똑같은 열정으로 내 몫, 내 인생도 챙겨야 한다.

학원에 모든 걸 걸다가 학생은 떠나고 학원은 기울고, 내게 남은 건 질병과 불안한 노후라면?

다시 예비 창업자로 돌아간다면 학원 경영과 내 삶 사이에 균형을 맞추며, 영리하게 시간 관리하며 학원을 경영할 것이다. 수업도 정성 들여 하고 돈 공부도 하고!

아바타 Avatar. '또 하나의 나'를 의미한다. 학원은 원장의 아바타이다. 원장의 멘탈이 무너지면 학원도 무너지고, 원장이 행동하지 않으면 학원도 정체기에 빠진다. '내 탓이오', '착한 원장 콤플렉스 벗어나기'로 멘탈이 단단해졌고, 금융 공부로 사업을 지키고 확장하는 눈을 갖게 됐다.

세미나에 참가하고, 컨설팅 받고, 잘되는 학원에 탐방 가고, 롤모델을 따라 하는 것도 때론 필요하다. 하지만, 더 중요한 것은 자기와 대화하는 시간이 많아야 하고 자기 학원에 몰입해야 한다는 것이다. 25년을 지나오며 돌아보니, 내 안에 답이 있다는 말은 진리 중의 진리였다. 남의 성공을 부러워하지 않고, 멘탈 지키며 나만의 성공 방정식을 세웠더니 학원은 성장했다.

주소연

함께할 운명이었나 봅니다. 여러 갈림길에서도 늘 돌아오라 손 짓하는 듯했죠. 결국엔 제 삶의 단단한 축이 되었습니다. 글을 쓰 며 영어가 제게 어떤 의미인지 차분히 돌아봤습니다. 가르치는 일에 집중하느라, 정작 영어 자체를 깊이 생각해본 적은 없더군 요. 이제는 저를 성장하게 한 매개체로써 새로이 바라봅니다. 첫 사랑은 아니었지만, 마지막 사랑으로 자리할 영어. 그 안에서 발 견한 흥미와 열정은 늘 저를 한 걸음 더 멋진 곳으로 데려다주었 습니다.

힘든 순간도 있었지만, 덕분에 가장 좋아하는 일을 포기하지 않을 수 있었습니다. 꾸준히 배우고 익히면서 얻은 깨달음은 저 자신을 이해하는 과정이기도 했습니다.

이 책은 그 모든 여정의 기록이자, 앞으로도 이어질 이야기의 예고편입니다. 이 길이 어디로 이어질지 기대하며 오늘도 나아갑니다.

양진아

언젠가는 제 이야기를 책으로 만들고 싶었습니다. 그때가 생각보다 빨리 왔습니다. 아직 멋들어진 모습이 아니지만, 기회가 와서 덥석 잡았습니다. 영어학원 창업을 준비하면서 학원 경영서를 읽었습니다. 그 인연으로 김위아 대표를 만났고, 번역가에서 작가가 되었습니다.

부모님이 심어주신 씨앗이 원어민을 만나서 싹을 틔우고, 한국에서 뿌리를 내렸다가 미국 물도 먹어봤습니다. 영어를 좋아하다 보니 다른 언어에도 관심이 생겼습니다. 독일어, 프랑스어 그리고 중국어. 외국어 배우는 것이 세상에서 제일 재미있는 공부였습니다. 언어 탐구는 서울대학교 언어학과 박사과정에서 음운론을 전공하는 것으로 마무리 지었습니다.

어릴 때 좋아했던 영어가 인생의 길잡이 역할을 해주고, 무대를 넓혀주었습니다. 영어의 손을 잡고 걸어보니, 지금은 영어학원 원장이라는 자리에 와 있습니다. 대학생들에게 희망을 주고 싶었던 마음 그대로, 지금 저를 만나는, 앞으로 만날 학생들에게도 희망을 주고 싶습니다.

"영어는 좋은 친구가 될 수 있어. 영어랑 친해지면 즐거운 일이 많아질 거야."

김지현

상상조차 못 했습니다. 아이 넷의 엄마가 되고, 영어를 가르친다는 것을요. 더욱이 글을 쓰고 작가가 되리라고는 전혀 생각하지 못했습니다. 지금 돌아보니, 작은 용기가 선물한 풍성함입니다. 새로운 일에는 용기 한 꼬집이 필요합니다. 뒤늦게 영어를 배운 것도 자랑스럽지 않았습니다. 숨기고 싶은 영어 흑역사를 꺼내기가 망설여졌습니다. 썩 멋지지 않은 엄마라는 것도 슬그머니 숨기고 싶었습니다. 하지만 이 글은 모든 부끄러움을 이겨낸 첫 번째 용기입니다. 에필로그를 쓰는 이제야 글쓰기에 도전한 나 자신을 칭찬해봅니다. 조금은 독특한 저의 영어와 가르치는 이야기를 쓰며,

지치고 힘들었던 마음이 차츰 회복되었습니다. 더 도전할 용기도 생겼습니다. 계속 이어갈 영어 여정에 우리 학생들의 손을 잡아봅니다. 끝까지 이 손을 놓지 않겠습니다.

기회를 펼쳐주시고 함께해주신 분들께 진심을 담아 감사한 마음을 전합니다. 많은 분의 도움으로 세상에 작은 점 하나를 찍습니다. 누군가에게 희망과 용기로 닿기를 바랍니다. 그리고 그 누군가가 바로 당신이길 소망합니다.

김위아

언제부터… 영어를 좋아했을까요…. 지구본에 새겨진 알파벳에 끌렸는지, 빙빙 도는 동그란 물체가 신기해서 영어에 빠진 건지? 유치원 무렵 시작된 영어와 지구본 사랑은 40년이 지난 지금도 변함없습니다. 학원 문을 열면, 태양과 지구본이 어우러진 로고가 모두를 반겨줍니다. 영어로 지구촌을 누비며 태양처럼 뜨겁게 공부하고, 신나게 살기를 바라는 마음으로 직접 디자인했습니다.

친구가 묻더군요. 영어가 뭐길래 인생을 걸 만큼 애지중지하냐고요. 단순히 밥줄이라서 아끼는 건 아닙니다. 영어는 부모님을 느끼게 해줍니다. 영어 안에는 가족과 친구, 선생님과 학생의 얼굴이 들어 있습니다. 2020년에 첫 책을 출간하면서 학원과 책을 사랑하는 분들과도 인연이 닿았습니다. 공저자 주소연, 양진아, 김지현 원장도 영어가 맺어준 소중한 인연입니다. 우리는 인생에 고비가 있을 때마다 영어 덕분에 다시 일어섰습니다. 4인방의 영어 사랑 바이러스가 독자분들에게도 퍼져나가길 바랍니다. 읽어 주서서 고맙습니다.